思春期ならではの
ＡＤＨＤの特性が
よく分かり親子で
不安を解消！

人間関係、性意識、
自我の確立、社会への適応……
安心して思春期を過ごすために

親子で乗り越える
思春期のADHD

監修＊宮尾益知　どんぐり発達クリニック院長

河出書房新社

はじめに

発達障害の思春期には、体の内と外でさまざまなことが起こってきます。以前、発達障害の思春期は特別なものであるかのごとくいわれていた時期もありました。現在では、発達障害としての要素、同様の器質を有する家族、社会環境、二次障害などにより規定されると考えられるようになりました。

思春期は、子ども自身に訪れる肉体的・精神的変化、性的成熟に加えて心理的、社会的に発達していく時期です。ＡＤＨＤの思春期で重要なのは、まず10歳ごろまでに、自分は価値がある人間だという自己有能感を獲得していることです。と同時に、自分の思考や行動を客観的に判断し、修正することができるようになる、いわゆるメタ認知の獲得も必要です。

行動面での問題は、衝動性に伴う反社会的行動（犯罪や性行動）、不注意に伴う学習不振があります。家族の観点からは、母からの離脱と父との新しい関係が重要です。ＡＤＨＤでは社会性と関係のある社会脳の成熟が通常より２年遅れているといわれていましたが、最近のトピックは、服薬を小児期から続けていると思春期に遅れを取り戻すという報告が複数の施設から出されるようになったことです。社会脳に関係した脳のネットワークとしてDMN（何もしていないときの脳の働き）が取り上げられ、DMNの成熟に薬物が寄与している機序も想定されるようになってきたのです。

人がどのような人になるかは、幼児期の家族との関係性から作られる心と、思春期の社会との関係性から作られる自我によって決まります。

ＡＤＨＤの子どもたちがよき大人になるためになればと、そんな思いでこの本を作ってみました。

どんぐり発達クリニック院長　**宮尾益知**

contents

contents

第4章 どうする？ ADHDの子の進学・進路 59

第5章 ADHDの診断と対処法 73

contents

第1章

これだけは知っておきたい基礎知識

ADHDとは、こんな障害

ＡＤＨＤ（注意欠如・多動性障害）は、発達障害の中の一つに分類されています。発達障害は言語・コミュニケーション・社会性などの発達になんらかの特性（偏りやゆがみ）があることによって生まれる不適応状態を指します。その原因は生まれながらの脳機能障害と考えられていますが、原因を探る研究はいまも続いていて、詳細はまだ分かっていません。遺伝や環境の関連も考えられますが、それだけが原因ではありません。「障害」ではなく、本人の「個性」としてとらえることで、その子なりの対応法を考えていきましょう。特に思春期になると、思春期特有の心身の変化とあいまって、適切な対応が迫られます。まずは、ＡＤＨＤのことを知ることから始めましょう。

発達障害は、認知機能の偏りで精神疾患ではない

発達障害の多くは学童初期までに気づかれます。ただ、症状が軽かったり、子どもだからと見逃されたりして、きちんと対応がなされずに思春期を迎えてしまうと、生きづらさが強くなってきます。

発達障害とはどんな状態？

「発達障害」、最近よく聞く言葉です。ときには「発達」だね、という言葉さえ聞くことがあります。なんだかよく分からないうちに、言葉だけが一人歩きしている気がすることもあります。また、発達障害と診断される子も近年、多く見られますが、ここにきて急に増えたわけではありません。同じような状態の子は、昔から少なからずいたのですが、「育て方が悪い」「変わっている子」などと理解され、大きな問題にはなっていませんでした。

今では、発達障害は育て方の悪さが引き起こすものではなく、脳の機能に問題があるため、さまざまな症状が出てきて不適応の状態になることが分かっています。発達障害かどうか判断する基準は、社会生活面で問題が生じているかどうか、です。ある種の傾向はあっても、社会的にうまく適応していけるのであれば、障害があるとはみなされません。

では、発達障害とはどういったものなのでしょうか。

発達障害は、子どもが発達していく過程のどこかに（出生前あるいは幼児期、学童期に）問題が生じてくることを指しています。さらに、精神的な症状ではなく、認知（理解、行動する過程）に問題があり、生活・学習上に問題を生じている状態だと考えれば分かりやすいと思います。

では、どうやって自分の子どもの特徴や診断、治療法を知ればいいのでしょうか？　また、どこに、どのように相談すればよいのでしょうか？

この本では、中でもＡＤＨＤ（注意欠如・多動性障害）に関して細かく説明していきます。

「障害」は成長とサポートで改善する

知っておいてほしいのが、発達障害は、生まれながらに脳機能のどこかに障害があることで起こるものだということです。ですから、家族のしつけや環境によって現れてくるものではありません。自分たちを責めないでください。

また、性格でもありません。考え方を変えれば解消できるものでもありません。「片付けが苦手」などの生活上の困難が生じると、つい本人の努力が足りないのではないかと思ってしまいます。しかし、そうではないのです。

そのためには、子どもはどのように発達していくか、大人になるまでの間に必要な「発達の段階」を知っておきましょう。この段階のどこかがうまくクリアできない場合が、発達障害と考えられる子どもたちです。

多くの人は、「障害」と聞くと「病気」というマイナスの面でとらえてしまいがちですが、大きな違いは、病気は「治療」という過程でよくなっていきますが、発達障害の子どもができないことは成長していくことで、どうすればいいかは周囲のサポートで症状も改善していきます。

受診する人から、よく聞かれるのが「個性ですか、障害ですか」という疑問です。「個性」であれば、専門家の特別なサポートを必要としなくても、社会生活を営めることであり、特別な配慮を要求することはできません。しかし、「障害」というのは専門家あるいは行政からのサポートがないと社会生活を十分に営めないことです。そのために各個人の持つ社会における「生きにくさ」の状況に合わせて医療機関では診断名をつけ、その子に合わせた対応を、世界共通のレベルで作り上げていく、これが診断名が必要な理由です。

発達障害は主に3つに分類される

発達障害は主に「ASD（自閉症スペクトラム障害）」「ADHD（注意欠如／多動性障害）」「LD（学習障害）」の3つに分類されます。この3つは、それぞれ重なり合うことも多いものです。

3つの発達障害が重なり合うことも多い

発達障害にはいくつかの種類があります。同じ脳機能障害でも、生活への影響はさまざまです。どの種類の発達障害かを見分けるために、いろいろな診断基準や指標が設けられています。その現れ方は人によって違いますし、複数の障害を併存している人もいれば、単独の障害として現れる人もいます。主な発達障害には、次の3つがあります。それぞれの特徴は、左ページにまとめてありますので、参照してください。

●**ASD**（自閉症スペクトラム障害）

「コミュニケーションの障害」「社会性の障害」「興味・活動の限定」という行動面の認知特性があります。

●**ADHD**（注意欠如／多動性障害）

「不注意」「衝動性」「多動性」という行動面の認知特性があります。

●**SLD**（限局性学習障害）

一般的にはLD（学習障害）とも呼ばれるもの。「読む」「聴く」「話す」「書く」「計算する」「推論する」などの機能の中で一つの領域に遅

発達障害の名称も変わってきた

発達障害の国際的な診断基準の一つにアメリカ精神医学会の「DSM」というものがあります。2013年に改訂され、現在、「DSM-5」が用いられています。それまでは「PDD（広汎性発達障害）」という区分がありましたが、その定義を変えて、新しく「ASD」という区分になったのです。かつては「自閉症」「自閉症障害」「広汎性発達障害」「アスペルガー症候群」などの名称が用いられていましたが、これらは一つの連続体（スペクトラム）と考えるようになり、「ASD」という呼び方が用いられています。

今、医療の現場では、DSMの最新版を一つの基準としながら、ほかの基準や指標も使って、発達障害の診断や治療が行われています。

滞を認める特性があります。

これらの発達障害は、それぞれに独立しているのではなく、一部が重なり合っています。ですから、同じADHDでも、人によってはLDやASDの特性が強く出てくる場合があるのです。

発達障害は主に３種類

発達障害	先天性の脳機能障害。幼少時に年齢相応の発達が見られないことから、発達障害と呼ばれている。認知能力や学習能力など、一部の発達にだけ遅れが見られるのが特徴。

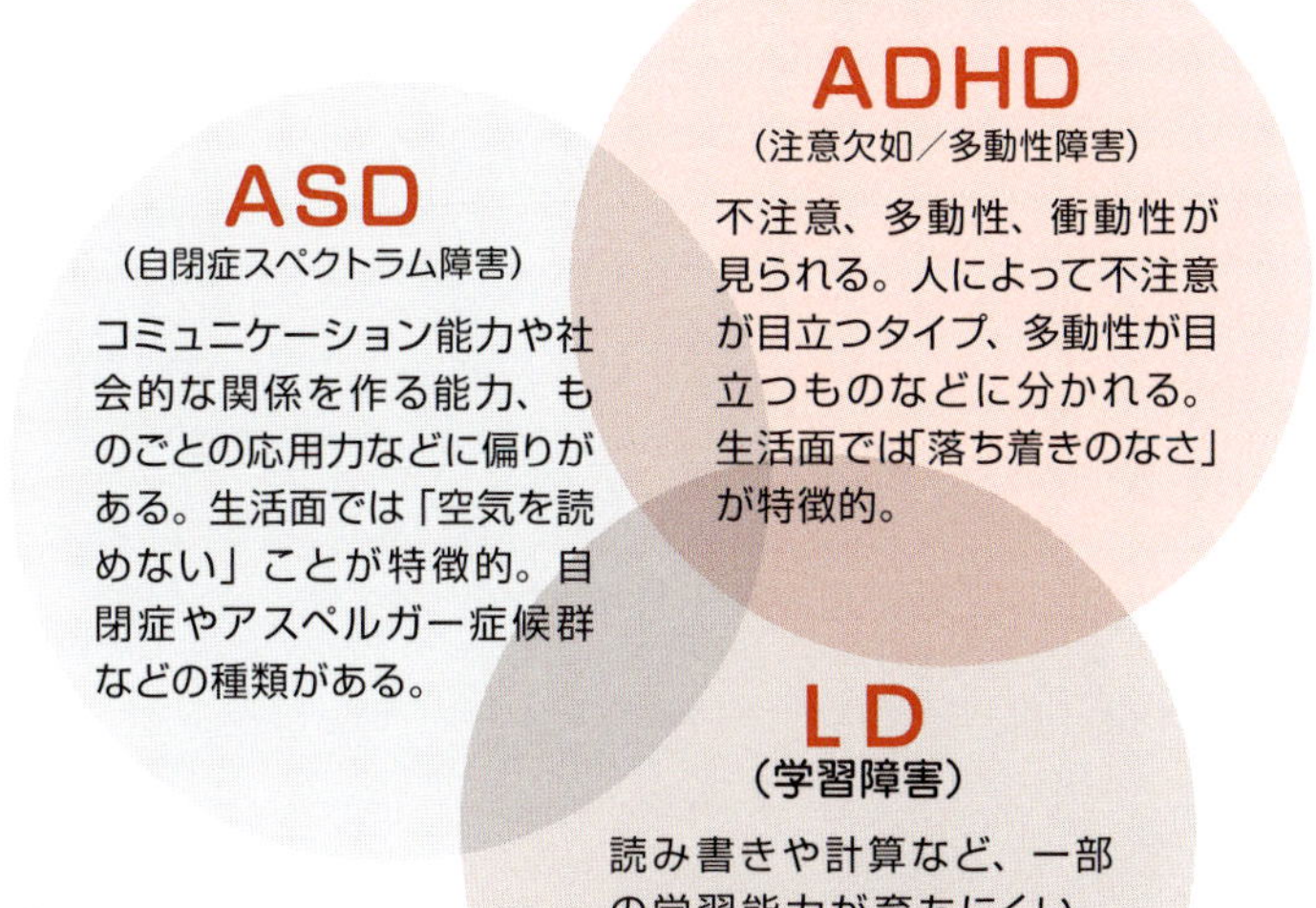
ADHD
（注意欠如／多動性障害）
不注意、多動性、衝動性が見られる。人によって不注意が目立つタイプ、多動性が目立つものなどに分かれる。生活面では「落ち着きのなさ」が特徴的。
ASD
（自閉症スペクトラム障害）
コミュニケーション能力や社会的な関係を作る能力、ものごとの応用力などに偏りがある。生活面では「空気を読めない」ことが特徴的。自閉症やアスペルガー症候群などの種類がある。
LD
（学習障害）
読み書きや計算など、一部の学習能力が育ちにくい。生活面では「勉強が苦手」に見える。大人になると目立ちにくくなる。

その他

運動能力の偏りが見られる「DCD（発達性協調運動症）」なども発達障害に含まれる。

※本書では各診断名の表記について、アメリカ精神医学会の「DSM－5」、および日本精神神経学会の「DSM－5病名・用語翻訳ガイドライン」を参考にしています。

成長とともに目立たなくなる特性もある

脳機能障害そのものは、成長することによって大きく変化することはありません。ただし、経験を重ねるなかで、生活面への影響は変化します。そのため、大人と子どもでは障害特性の現れ方が異なる場合があります。たとえば子どもの場合は、どの特性も目立ちやすいといえます。ただし、人間関係がまだ複雑ではないため、ASDの特性が目立たないこともあります。大人になると、ADHDの多動性や衝動性、LDの特性は目立ちにくくなります。これは、生活の中で対処法が身につき、困難が生じにくくなるためだと考えられます。

ADHDの特性は？

ADHDの基本的な特性は「不注意」「多動性」「衝動性」の3つです。その特性は、忘れ物が多い、整理整頓が苦手、じっとしていられない、すぐにキレやすい、などの行動として表れてきます。

3つの発達障害が重なり合うことも多い

ADHD（注意欠如／多動性障害）は、英語で「attention-deficit《注意欠如》 hyperactivity disorder《多動性障害》」と言い、不注意、多動性、衝動性の3つの基本的な特性を持つ発達障害です。アメリカ精神医学会が定めた診断基準（DSM）では「知能発達に大きな遅れはなく、環境によるものが原因ではないにもかかわらず、多動、衝動性があり、注意が集中できない状態」を指します。

3つの特性を子どもの場合に限って、説明してみましょう。

不注意

・集中力がない。
・忘れ物が多い。
・特定のことに注意を留めておくことが困難で、課題に取り組んでもすぐに飽きてしまう。

多動性

・授業中に座っていられず、フラフラと席を離れる。
・整理整頓ができない。
・貧乏ゆすりをする。

衝動性

・思いつくとすぐ行動する。
・外界からの刺激に対して、無条件ま

た反射的に反応してしまう。

・刺激に反応して、まるでエンジンがかかったように走り回ったり、机に上ったりする。

ＡＤＨＤの子どもはこうした特性の他に、他の障害を併せ持つ場合が多くあります。たとえば、学習障害を持っている子は6割、不安障害や気分障害を持っている子は2～7割となっています。また、自分の興味のあることに対しては、驚くほど集中することができます。頭の中が自分の興味のあることでいっぱいになっていて、その他のものが入ってこないとも言えるのです。

以前はいろいろな診断名がつけられていた

ＡＤＨＤの子どもの特性は4歳以前、遅くとも7歳以前に現れてくることが多く、12歳ごろに気づかれることもあります。幼稚園から小学校の入学前にかけて小児科医に紹介されて来ます。一方、多動があまり目立たず、注意が集中できないことを主に訴える注意欠如障害（ＡＤＤ＝attention-deficit disorder）の子どもは、問題行動がそれほど目立たないこともあって、青年期まで、もしくは青年期以降もきちんとした診断がされないことがあります。

このＡＤＨＤという診断名が用いられるまでには、ずいぶんと変遷がありました。初めて本で紹介されたのは１８４５年にドイツの医師、ハインリッヒ・ホフマンが自分の子どものために作った絵本『もじゃもじゃペーター』でした。１９４０年ごろには、軽い脳炎後や頭部外傷を受けた子どもたちが、あとになって極端によく動き、過度に不注意で、衝動的になることがあることから、ＡＤＨＤは脳になんらかの微細な損傷が起きたために症状が現れてきたのだと考えられ、微細脳損傷症候群と呼ばれたり、一過性の脳の機能不全と考えられて微細脳機能不全とも呼ばれたりしていました。また、症状そのものを表す診断名として小児期多動反応、過活動児童症候群などとも呼ばれていたのです。その後、先ほど説明しましたＤＳＭなどが診断に使われるようになり、「多動が中心の症状ではなく、注意を集中あるいは持続することが困難（不注意）なために、多動、衝動的になる」と考えられ、現在のような診断名が用いられるようになっています。

思春期までのADHDの特性

乳幼児期〜小学校低学年

ADHDの子どもは、小さいころから何らかの特性が目立ったはずです。ここでは、思春期までの各年代にこんなことはなかったか、それぞれの特性を説明しておきましょう。

乳幼児期
健診で特性を指摘されることも

保育園や幼稚園に入るまでは、あまり他の子どもと比較する機会もなく、自分の子どもがどこかおかしいなと感じていても、親が医療機関や療育施設に相談に来ることはほとんどありません。

ただ、近所の公園で、よその子どもを無視して一人で走り回る、危険が分からずケガをしがち、あるいは他の子どもにケガをさせてしまう、そうしたことが目立つ子もいるでしょう。保健センターや保健所で行われる1歳6ヵ月健診、3歳児健診の場で、知能には問題がないにもかかわらず、極端に多動であることが分かって、保健師から二次健診をすすめられたり、医療機関を紹介されたりする場合もあります。この時期に症状が現れるのは、ASDである場合が多いものです。

4〜5歳
目が離せないほど動き回る

保育園や幼稚園では、ADHDと考えられる子どもの場合、話を聞かない、人とすぐにふざけ、おしゃべりをする、離席が多く、すぐに部屋

から飛び出してしまう、などの行動特徴が見られます。また、話し言葉が不十分で他の子との関係の持ち方が苦手なため、すぐに手が出てしまい、乱暴な子だと受け取られることもあります。走ったり、跳んだりは活発でも、片足跳びやスキップなどがうまくできずに転ぶ、ハサミをうまく使えない、絵が年齢相応に描けないなど、不器用なこともＡＤＨＤによく見られる特性です。

小学校１～２年生
決まりごとが守れない

小学校１、２年になると、次のようなことが目立つようになります。席についていられない、朝礼でおとなしく並んでいられない、思ったことをすぐにしゃべる、しゃべりだしたらいつまでもしゃべっている、ノートや鉛筆などをすぐになくす、宿題や約束など大事なことを忘れてしまう、宿題へのとりかかりが悪い……。そんな訴えが教師や親の口から出てきます。強情、つまらないことにこだわる、感情のコントロールができずにすぐパニックになる、などの特性も目につきます。

しかし、多動の場合は１年生も２学期に入るころになると、比較的目立たなくなります。無論、これも個人差があり、なかなか落ち着きが身につかない子もたくさんいます。ただ、幼稚園と違って決まりごとの多い小学校の集団生活を通じて、慣れてきただけのことで、特性そのものがなくなったわけではありません。

多動の代わりに目立ってくるのが、不注意からの行動です。忘れ物が多い、整理整頓ができない、遅刻しがち、授業中もボーッとしている、落書きばかりしてノートをとらない、何を考えているのか分からない、質問してもとんちんかんな受け答えをする、といった学校での問題行動が先生から指摘されることもあるでしょう。これらは、ＡＤＨＤの特性である不注意からのものです。

朝、起きてからの行動ができない、全て怒鳴らないとできない、ということも特徴で、母親から最もうとまれる要因です。

思春期までのADHDの特性

小学校3～4年生

自分はどこか友だちと違う、周囲と比較することでそんなことに気づき始めるのが、小学校の中学年です。
この時期には数多くの成功体験を与え、マイナスにつながる言葉遣いはやめましょう。

傷つきやすい心の持ち主

小学校の3、4年生のころになると、友だちとうまくつきあえない、勉強についていけない、努力しても整理整頓ができずに大事なものをしょっちゅうなくす、忘れ物が多い、遅刻ばかりしてしまう、といったことに自分でも気づき始めます。

この時期までにADHDであるとの診断を受け、それに基づいた対応がとられていないと、右に述べたような特性を持つ子どもは、先生や友だちからの指摘やからかい、先生や親からの叱責の繰り返しによって自信をなくし、ときにはうつ傾向となったり、不登校となったりしてしまいます。そうなって初めて親が心配になり、専門機関に相談に来ることが多いものです。できればこの時期までに来てほしいものです。

このような子どもたちは活動性が高く短気ですが、その半面、気持ち

のやさしい子であることが多く、傷つきやすい心を持っています。小学校の高学年から中学生の時期は、ある程度、子どもに自分の状態（ADHDであること）を教え、社会で上手に生きていくためのスキル（技能、能力）を身につけさせてあげる大切な時期でもあります。そのためには、できるだけ早い時期（遅くとも小学校高学年ころまで）に、専門医療機関でADHDなのかどうかを診断してもらうことが必要です。早く分かっていれば、それだけ早く対応策も取ることができて、子どもたちの生きづらさを少しでも解消してあげられるでしょう。

特性を理解してサポートすることが一番に求められる

小学校の中学年になっても相変わらず身の回りの片付けができず、忘れ物も多く、しょっちゅうものをなくしてしまいます。これは注意力の欠如から来るものです。また、遅刻が多い、他のことに夢中になり授業開始までに教室に戻ってこないなどは、時間の観念が薄く、時間感覚につまずき、時間内にどれだけのことができるか分かっていないからです。

このような特性があっても、周りはあまり騒ぎたてないことです。それよりサポートをしてあげることにつとめてください。毎日の行動予定をメモにして目立つところに貼っておき、できなければ指さし、いつも決まったパターンで行動できるように体に覚え込ませるなど、親や教師が指導し、一度に言いつけることは3つまでなど、周囲の大人の理解ある態度がその子にとっては何よりのサポートになります。そうすると、特別な行事の際の過敏な反応による多動や衝動的行動を除けば、先に述べたような問題行動も目立たなくなってきます。

ただし、みんなにいろいろなことを言われ、どうしてできないんだろうという悩みが強く生まれると、爪かみ、抜け毛、チックなどの異常な習癖が見られるようになることもあります。

LDを合併する場合や理解ある対応ができていない場合、あるいは担任の先生がこのような子どもに否定的なイメージを持つ場合には、「やる気がまったく見られない」「どのように指導していいのか分からない」などと言われつづけることもあります。そのため、子どもはほめられる成功体験を獲得できずに、よい自画像を描けないまま大人になっていくことになります。ADHDの子どもたちにとって、この時期のこのような教師によるマイナス体験は、以降の社会適応能力の形成に大きく関わってきます。

思春期には問題が起こりやすくなる

思春期は小学校の高学年から始まります。それまでにきちんとした対応がなされていないと、うつの傾向になることもあります。ただでさえ悩み大き思春期。ADHDから来る悩みを軽減してあげましょう。

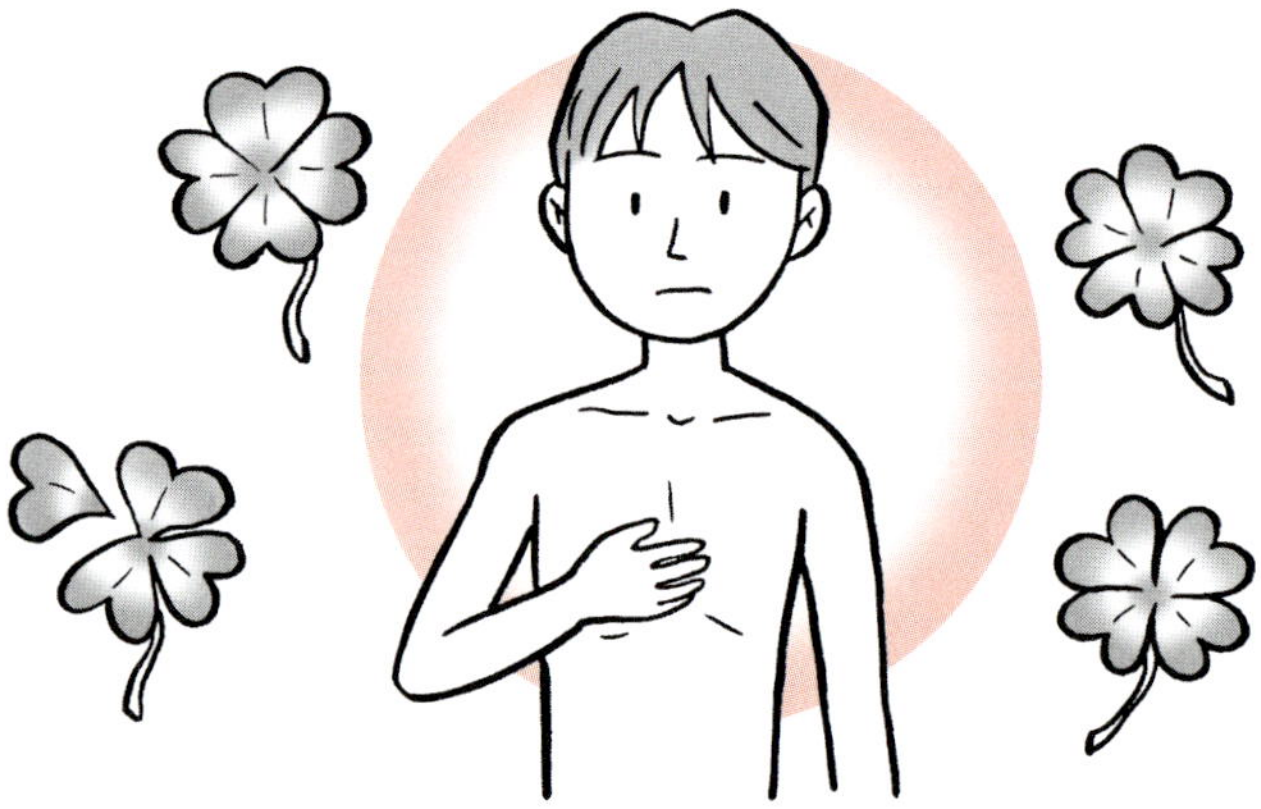

思春期に子供が直面する課題

子どもとしての発達段階の完成時期は思春期です。思春期は、小学校の高学年から青年期あるいは成人までの時期を指し、肉体的にも精神的にも大きな転換期です。この時期は、どの子どもにとっても最も問題が起こりやすく、すべてが変化しうる時期ですが、多くの混乱（課題と危機）を乗り越えて成長する大切な時期でもあります。

思春期に子どもが直面する課題としては、次のようなものが挙げられます。

1　第二次性徴を迎え、体のエネルギーや性的エネルギーが増大していくのに、どう対処するか。

2　友だちや仲間との関係をどう発展させていくか。

3　思春期における肉体と精神のアンバランスをどのように受け止めるか。

4　親からの精神的な独立と、自分を抑えて周囲に適応していく自律性をいかに達成していくか。

5　自己意識（アイデンティティー）を自分自身と格闘しながら、いかに獲得していくか。

これらの課題そのものが、思春期の危機とも対応しています。幼児期後半から学童の初期に社会性や学習面での基礎的能力がきちんとつけられているか、児童期から思春期までによりよい大人になるための自分なりの自画像が描かれているか、あるいは思春期というある意味、変容の時期を家族や周囲の大人がちゃんと理解してくれているかどうか、そうしたことがうまく思春期を乗り越えられるかどうかに深く関係しているからです。

絶えず子どもの行動を見守ってあげること

ADHDと考えられる子どもは、思春期になるまでの過程で、常にあれをしてはだめ、これをしてはいけないといった禁止と否定的な扱いを受け続けることが少なくありません。このような場合、学習面ではさらにやる気をなくし、頭の中で言葉を使ってものごとを考える力が不足していることもあって、読み・書き・計算の能力が一段と低下して、知能検査による結果も低くなる傾向があります。

また、感情面では正しい自尊心が育っていないために、劣等感と強い緊張にさらされ、欲求不満に陥りがちです。幼児期から親や教師に理解されず、子どもたちの集団の中でも仲間として行動できなかった心の傷がトラウマとなって、この時期にうつ傾向やうつ病として現れてくることもまれではありません。

思春期は、精神的かつ身体的にも大人になれるかどうかの境目の時期です。また、一般的に学校の選択、あるいは職業の選択に悩む時期でもあります。

さらに、思春期の精神的なサポートに最も大切な友人、親友、先輩などが不注意や衝動性のためにできにくく、親にも悩みを話さないのが普通の時期ですから、たった一人で葛藤に苦しまざるをえなくなってしまいます。

ですから、思春期の子どもにADHDかなと思われる特性がある場合、親は絶えず子どもの行動を見守って（干渉とは違います）、そのサインを見落とさず、少しでも心に引っかかる態度や行動が見られたら、ためらわずに医療機関や教育機関、児童相談所、保健所に相談するようにしてください。

さまざまな公的な支援機関を利用しよう

発達障害を持つ子どもを支援するためには、さまざまな公的機関や施設があります。子どもの成長のことで悩んだり、学校生活で困ったことがあったりしたら、ぜひとも相談してみましょう。

一人で悩まず、まず相談を

小学校でも思春期でも、ＡＤＨＤの子どもにはさまざまな支援が必要になってきます。そうした支援を保護者だけで与えようと思っても、現実的にはなかなか難しいものです。公的機関にも子どものことを相談できるところがありますから、そうしたところを積極的に活用しましょう。

入学前には、各市町村にある保健所や保健センター、児童相談所で相談できます。

小学生・中学生の場合は、児童相

相談できる公的機関

保健／医療機関

地域の保健所や保健センターでは、子どもの発達の相談に乗ってもらえます。乳幼児だけでなく、学童期でも相談できます。医療機関では小児神経科や児童精神科が専門に診てくれます。近くにそうした専門の医療機関がない場合は、まず、かかりつけの小児科医に相談しましょう。小児科医は中学生までというのが一般的ですが、それ以上の年齢で受診してはいけないということはありません。発達障害に関しては、専門の小児科医の方が詳しい場合もあります。

精神保健福祉センター

心の健康相談（引きこもり、精神障害など）の窓口で、各都道府県に一つ以上は設置されています。

談所の他に各都道府県に設置されている精神保健福祉センターがあります。ここでは、心の健康相談（引きこもり、精神障害相談など）を行っています。

また、学校の中でも支援体制を作ってもらうことができます。特別支援教育コーディネーターという役割の先生に相談しましょう。特別支援教育コーディネーターは、校内委員会と相談して医療機関や福祉機関、専門家の紹介や調整を行なってくれます。

入学したら積極的に相談してください。

この本の巻末にも、医療機関や親の会などの紹介をしておきました。参考にしてください。くれぐれも、一人で抱え込まずに周囲の協力を求めることです。声を上げることは恥ずかしいことでもないし、子どものことを考えると、まず親がラクになることです。

発達障害者支援センター

発達障害児（者）への支援を行う専門機関。保健、医療、福祉、教育、労働などの関係機関と連携し、発達障害児（者）と、その家族からのさまざまな相談に応じ、指導と助言を行っています。

児童相談所

各自治体に設置してあり、18歳未満の子どもに関するさまざまな相談に応じる機関。教育や生活全般、子どもの発達状況や障害に関する相談や悩みなどに幅広く対応しています。

大学の研究室に併設された総合相談センター

発達障害に関する相談窓口を持っている大学もあります。
例：東京学芸大学教育実践研究支援センター

宮尾《ドクター》のつぶやき①

どんぐり発達クリニック院長　宮尾益知

発達障害の子どもたちは、なかなか物事を決められない

外来で発達障害の子どもたちを診ていて、よく思うのは、ここにいる子どもたちって、物事を決めることが苦手なんだなということです。

どうしてなんでしょうかと、親からもよく聞かれます。どうしたいの、どっちなのと親から聞かれる子どもたち。答えに窮して、なかなか答えない子どもたち。

よく考えてみましょう。二つのことからどちらを選ぶか尋ねるとき、同じ程度の重要性があり、決めにくいことで聞いていませんか。例えばお昼に何を食べるかで、「うどん」か「そば」かを選ぶようなものだと思います。どちらでもよいといえば、そうなんですが。

全く違う内容であれば、決めやすいのではないでしょうか。例えばお腹がすごく減っているとか、そうでもないとか、しつこいものは食べたくないとか。そんな状況をまず知った上で、「うどん」と「ハンバーグ定食」のように、違いがはっきりしているもので聞いてみたらどうでしょうか。子どもたちも決めやすいかもしれません。

発達障害の子どもたちは、どうやって取捨選択し、決定していけばよいのか教えてもらっていないのですね。だから、遊びを選ぶのも、友達を選ぶのも、服装を選ぶのも、なかなか決められないのですね。

道を選ぶときの「ちょっとした思い」を持ってほしい

もう一度考えてみましょう。

私たちは、人生の大事な岐路に立ったとき、どうやって選択してきたのでしょうか。

私が小児科を選んだのは、卒業間近でした。父が小児科医だったので、小児科

も候補にはあったのですが、心や脳に興味があったので、内科でも神経内科、あるいは精神神経科を選ぼうと思っていました。

外来実習で患者さんと向き合っているときに、大人がふっと嫌だなと思うことがありました。反対に、子どもはとってもきれいな存在で、好きだなと思うことができました。

そうして「小児科医」になりました。

そんなことでと、今でも思いますが。小児神経を選んだときもそうでした。「てんかん」でベッドに寝ている子どもにふと思いが行って、「小児神経」の道を選ぶことを決めました。

このようにふとしたときに、あるちょっとした思いから人生は始まっていきます。きっと、どの道を選んでもよかったのかもしれません。でも、今の仕事が楽しいからいいか、そう思いながら毎日を過ごしています。

どうするか決めることって、ちょっとした思いからではないのでしょうか。この思いはどこから来るのでしょうか。それはよく分かりませんが、いつも付き合っている子どもたちに、最も持って欲しいのが、この「ちょっとした思い」ですね。

Column-1

発達から見た思春期
その1・性意識、道徳観、自我の確立

社会とからみ合いながら性意識が高まってくる

思春期は、母親離れ開始の初期（10～13歳ごろ）、母親離れの進行と友人関係への没頭の中期（14～16歳ごろ）、自分探しと自分づくりの後期（17～20歳ごろ）の明らかに異なる3つの時期に分けて考えていきます。

一方、心の発達から考える場合には、性意識（セクシャリティ）と道徳観、自我の確立、家族と外部との関係としての仲間意識があり、社会と複雑にからみ合いながら変わっていきます。各分野で発達的に見ていきましょう。

性意識を社会との関係という点から考えてみると、単なる性的行動だけではなく、性への関心や空想、性的思考、性そのものとそれに伴う情緒との関係と心構え、社会的に定められた役割と道徳観の認識などとも関連してきます。

初期の性的関心が高まる時期から、性衝動が起こり、性的なものに関心や疑問を持つようになります。初期には、同性への仲間意識から一時的に同性愛的思考を持つこともあります。しかし、同時に恋愛、誠実さ、礼儀に関する信念なども含め、自分自身の考える性的な理想が形成されていきます。思春期には、さまざまな性的行動（衝動）の問題が起こってきます。

次第に広い視点から個人的倫理観を形成していく

道徳観や自我の確立の点からは、善悪や規範を絶対的で疑いようのないものとして認識する初期から、次第に広い視点から疑問を持って分析するようになり、個人的な倫理観が形成されていきます。ただ、自分の信条だけで社会のさまざまな出来事を判断するために、柔軟な行動が取れなくなり混乱を招いて、反社会的な行動を取ってしまうことも起こってきます。

このようなさまざまな危うさを経て、人生の意味や自分とは何かといったことに悩むようになります。内心の動揺や精神的苦痛から、時には精神疾患に似たような状態になることもあるのです。

その後は、性や自分自身のことから、正義、愛国心、歴史などに興味が移り、その結果、理想主義的思想を持つこともあります。

第2章

発達障害はなぜ起こる?

なぜ発達障害になるのか、その原因はまだはっきりとは分かっていません。ただ、何らかの原因で生まれながらに脳の機能に障害が起こって、それで生活上の困難が生まれているのです。では、脳のどんなところに問題があるのでしょうか。ここでは、脳の機能に迫ってみます。

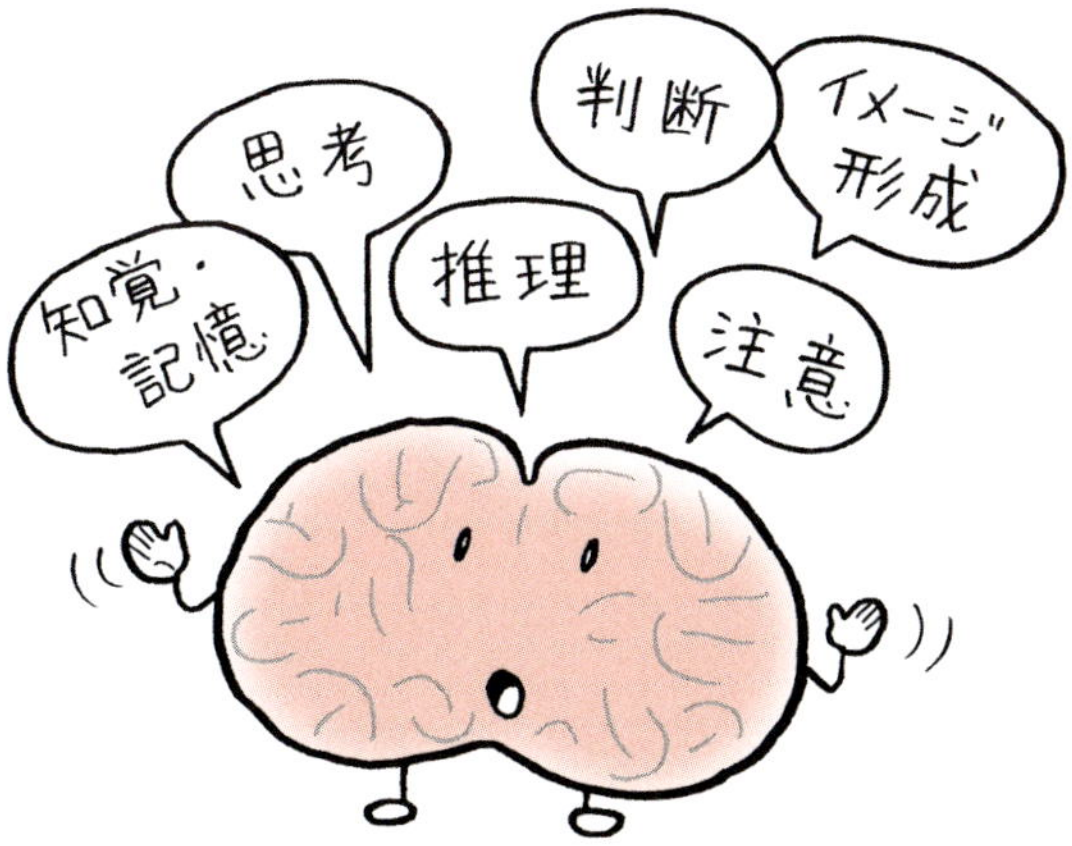

脳の中のネットワークの障害

脳の中のネットワークの障害だと考えられています。遺伝的素因も関わっているのではとも言われていますし、人間関係や生活空間などの環境的要因も影響しているとも指摘されています。

生まれながらにその子が持っている特性

そもそもなぜ発達障害があるのか、はっきりとは分かっていません。

ただ、何らかの原因で脳の機能に障害が起こり、それによって生活上の困難が生じている状態です。ある種の傾向はあっても、社会にうまく適応していけるのなら、障害とはみなされません。

脳の機能（ネットワークの）障害は先天的なもので、生まれながらに脳機能に偏りが起こっている状態だと考えられています。ですから、家

脳のネットワークの障害

脳の中では、さまざまな働きを持つ部位が綿密なネットワークでつながっています。発達障害は、このネットワークがうまく働かない状態にあるために生じます。

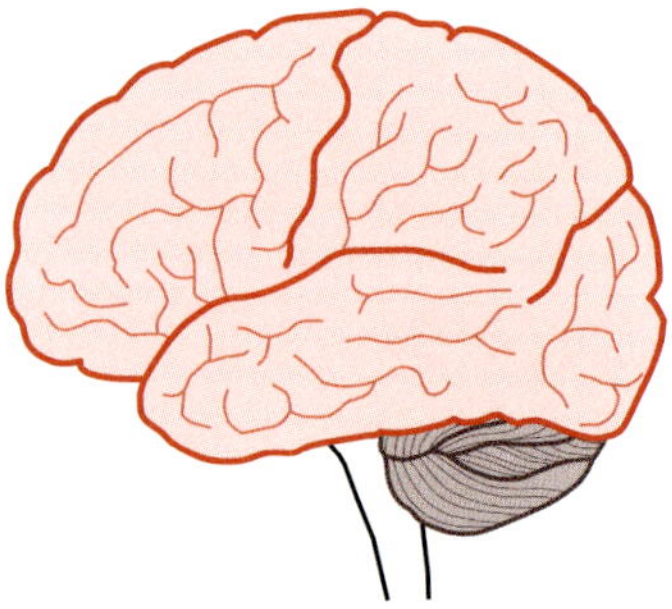

遺伝的な素因

両親の遺伝的な素因の重なりが関わっているとは言われている。遺伝情報の研究が進んでいる。

環境的な要因

人間関係の葛藤や虐待、いじめなどのストレスが脳の働きに影響することもある。

脳機能の障害

さまざまな原因から、脳のネットワークに障害が生じ、認知機能などの偏りが起こる。

生活上の困難

脳機能障害の影響で、生活上の困難が生じやすくなる。生活に支障が出た場合に、発達障害と診断される。

しつけや性格の問題ではない

発達障害は先天的なもので、親にも子どもにも責任はありません。自分たちを責めないでください。

しつけのせいではない

親のしつけが悪くて発達障害になるわけではない。ただし、親の対応が特性を悪化させることはある。

性格の問題ではない

本人の性格が偏っているわけではない。だから、考え方を変えれば解消するというものではない。

本人の努力不足ではない

「片付けが苦手」など生活上の困難が生じるのは、本人の努力が足りないわけではない。

庭のしつけや本人の生き方のせいで、特性が出てくるというものではありません。子どもが発達障害だと分かったからといって、育て方が悪かったのかと自分を責める必要はないのです。

その子が生きやすくなる対応法を探そう

ただし、両親による遺伝的な素因が関わっているのではと言われています。また、人間関係や生活空間など、環境的な要因による影響も指摘されています。

しかし、それだけが原因ではありません。原因を探しても、生活レベルではくわしいことは分からないのです。

それよりも、その子どもが生きやすくなる対応法を探していくようにしましょう。

特性を理解するために知っておきたい脳のこと①

脳は、人が人として生きていく上でのコントロールセンターの役をしています。そのさまざまなレベルの働きのうち、ADHDとの関わりで最も重要なのが「認知機能」です。

ADHDは、脳の「認知機能」に問題がある

発達障害は脳の機能障害だと言いましたが、ここでは脳のことを少し説明しておきましょう。具体的な対応策を考えるにも、脳がどんな働きをしているかを知っておくことは重要なことです。

脳は、いわば人が人として生きていく上でのコントロールセンターです。無意識のうちに行われる反射活動から精神性の高い活動まで、さまざまなレベルの働きをしています。

ADHDとの関わりで最も重要なのが「認知機能」です。この言葉をもう少しくわしく説明してみます。

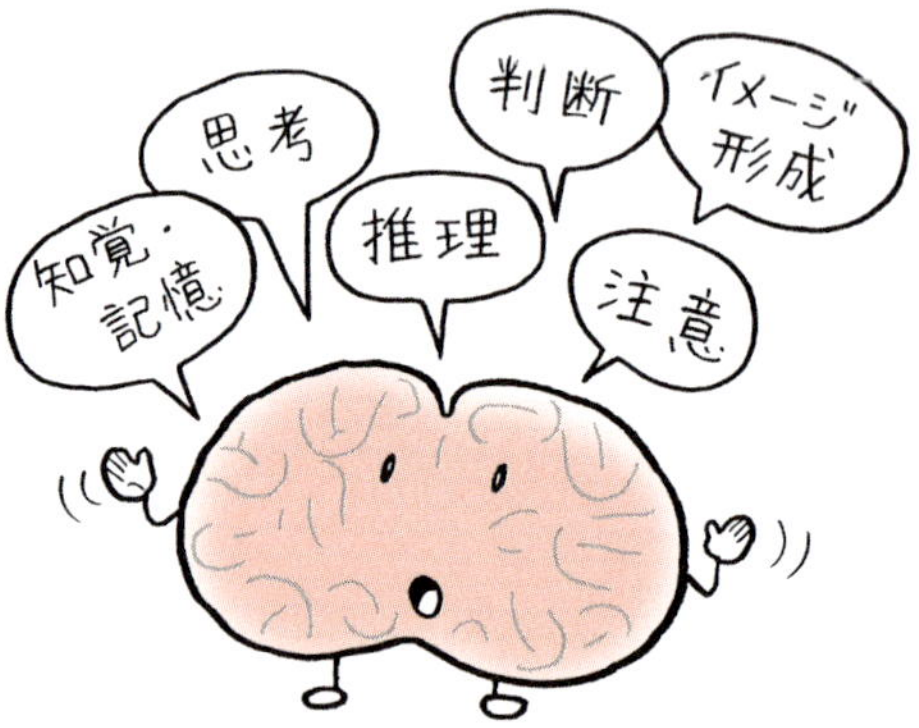

認知とは、認識と同じような意味です。物事について知ること、あるいは対象に気づいて、そのものの意味を知る認識の過程のことをいいます。

認知は、知覚や記憶、思考、推理、注意、判断、イメージ形成などを含む高度の精神活動です。言ってみれば、「認知機能」とは「脳の機能」、脳の働きそのものということになります。

ADHDと深い関わりがあるのが脳の前頭葉

人の脳は、大脳、小脳、それから脊髄に連なる部分である脳幹（間脳、

中脳、橋、延髄に分けられる）からなっています。脳幹は、呼吸や心臓の活動、睡眠や意識の持続など生命の維持に必要な働きをしている領域です。小脳は、脳幹の後ろ（背中側）にあり、体の各部の運動の反射中枢としての働きをしています。

大脳は、正面から見ると、中央を縦に走る大きなみぞで、左脳と右脳の2つの半球に分けられます。大脳の表面をおおう大脳皮質と呼ばれる部分には、それぞれの半球ごとに、機能上、4つの区分があり、その区分を葉と言います。いちばん後ろ（背中側）にあるのが後頭葉、横（耳の近く）にあるのが側頭葉、上にあるのが頭頂葉、その前（顔側）にあるのが前頭葉です。

このうち、ADHDと最も関係が深いのは前頭葉、それも前頭前野と呼ばれる部分です。

脳の構成（右の大脳半球を内側から見た図）

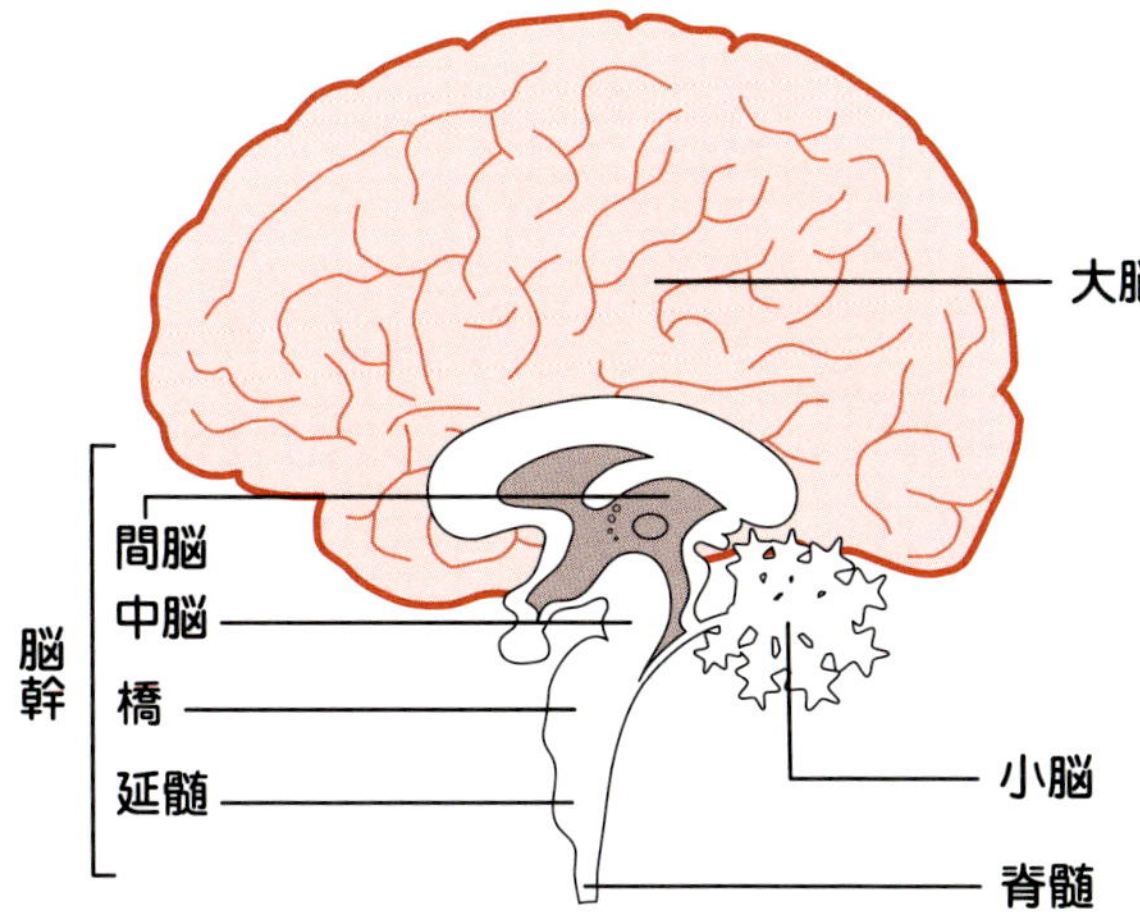
大脳
間脳
中脳
脳幹
橋
延髄
小脳
脊髄

大脳の４つの区分

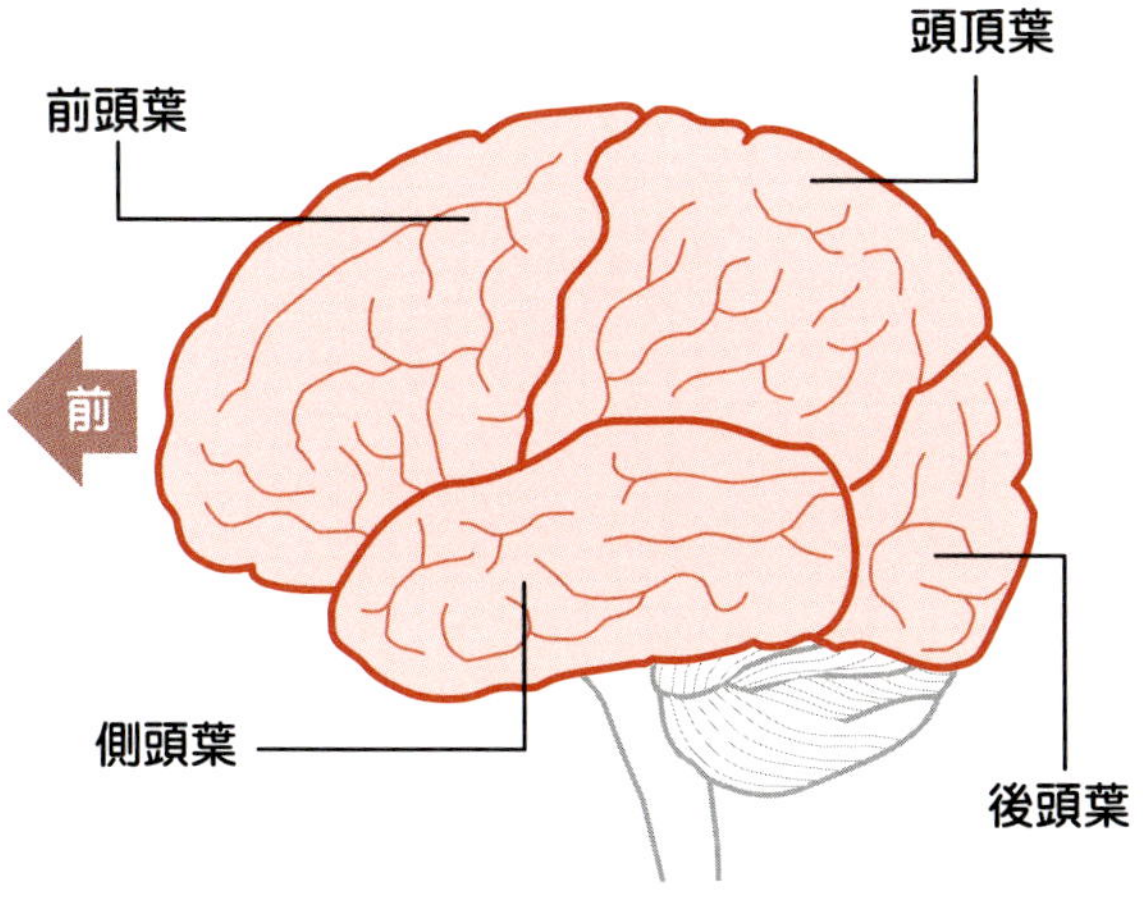
頭頂葉
前頭葉
前
側頭葉
後頭葉

特性を理解するために知っておきたい脳のこと②

ADHDの子どもでは、脳の前頭前野と呼ばれる部分の働きが低下しています。また、異常なこだわりやパニックは、脳の大脳辺縁系という部分の働きと関係しているともいわれています。

ADHDでは前頭葉の働きが低下している

前のページで、ADHDと最も深い関わりがあるのは、脳の前頭葉だと述べました。そこで、このページでは脳の前頭葉がどんな働きをしているか、もう少しくわしく説明しておきましょう。

前頭葉は、全身の運動の働き、静止あるいは動いている目標を視野の中心にとらえようとする眼球運動、発語に関わる領域（言語中枢）、思考・概念化・計画・判断力・創造な

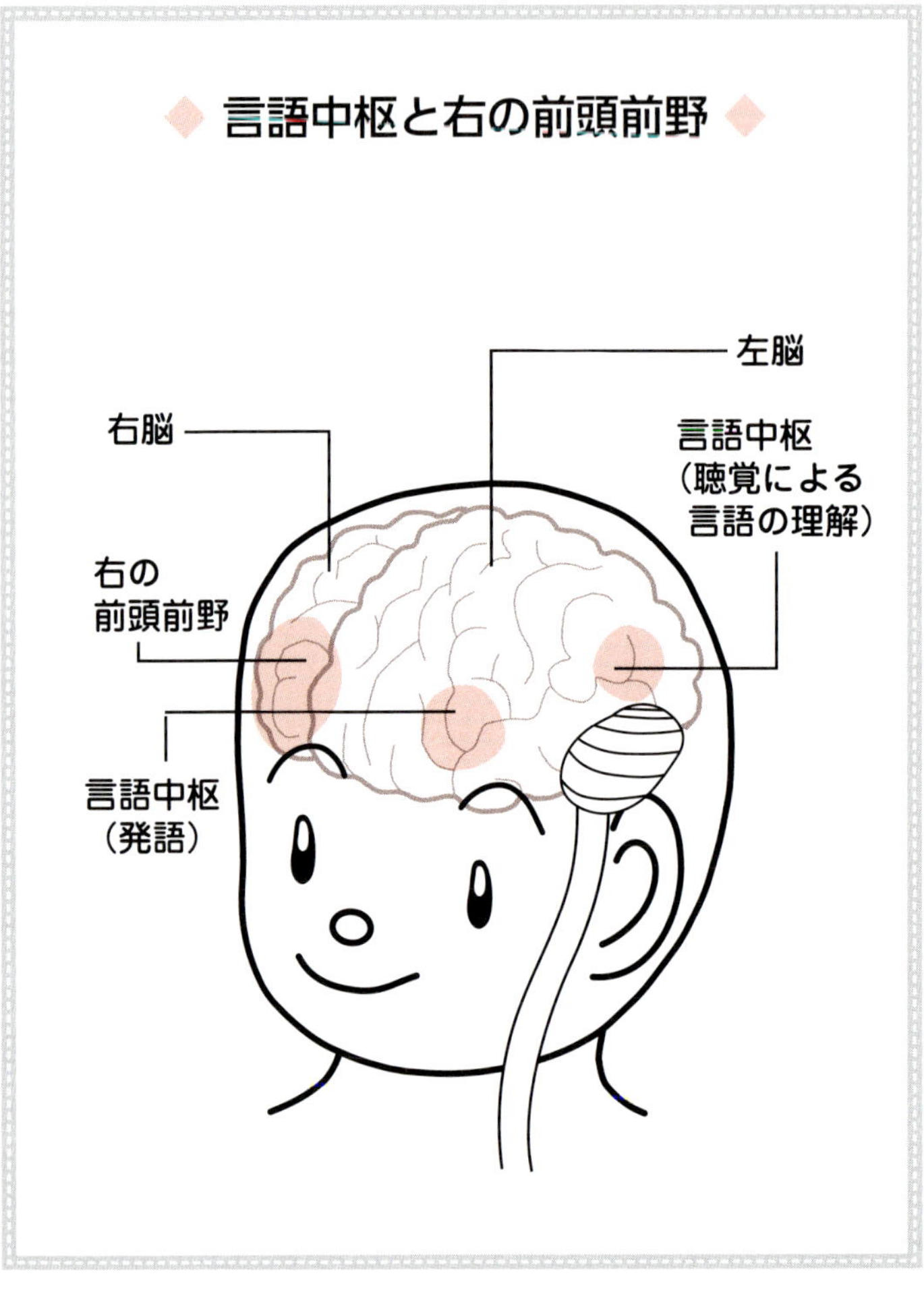

言語中枢と右の前頭前野
左脳
右脳
言語中枢
（聴覚による
言語の理解）
右の
前頭前野
言語中枢
（発語）

どの精神活動と関係する上、脳のほかの領域（葉や中枢）、例えば情動を起こす大脳辺縁系と呼ばれる領域を意識的にコントロールする働きもしています。

海馬や扁桃体はどこにある？

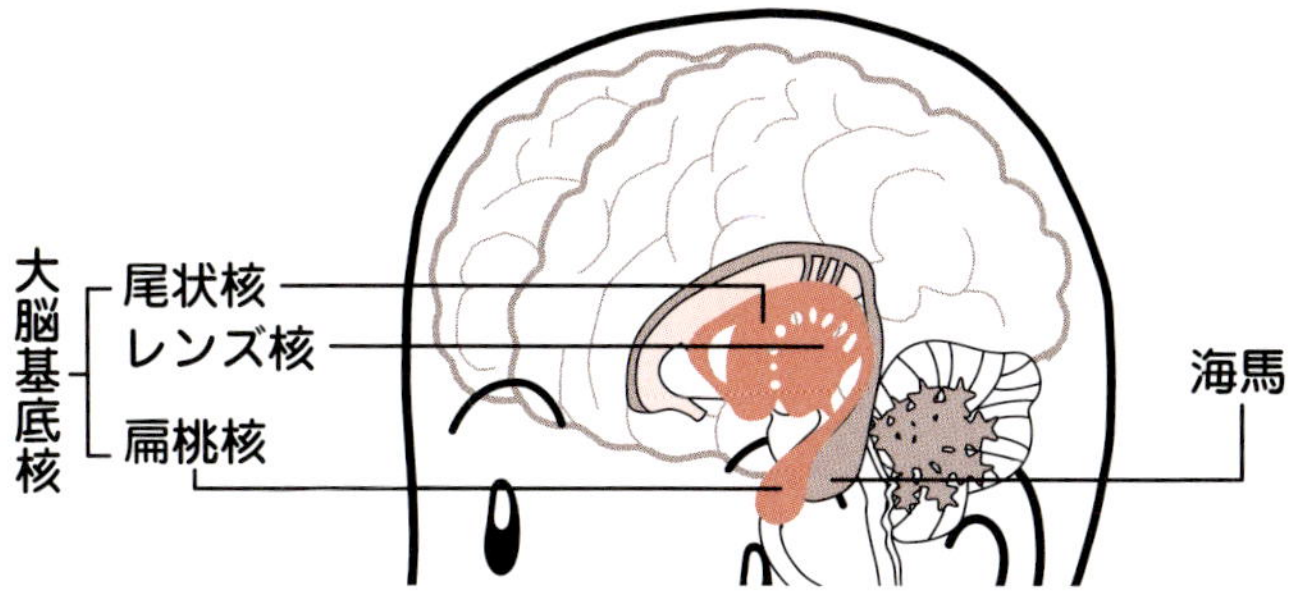
大脳基底核
尾状核
レンズ核
扁桃核
海馬

とりわけ右の前頭前野と呼ばれる部分は、次のような役目を担っています。

①仕事を行う際に注意を向け、②体の位置や手足の動き、③耳や目、皮膚から入ってくる感覚情報を知覚して取捨選択し、④今、行っている行動の結果を予測し、⑤それまでに学習した社会のルールに従って感情をコントロールし、⑥間違いの修正をしながら、最後までやり続ける気力を保つための動機づけを行い、⑦複雑な活動の計画を立てて、⑧社会に適応して最も有利な行動を決定する

といった、運動や行動、情動のコントロールセンターの役目を果たしているのです。

ＡＤＨＤの子どもでは、これらの働きが低下しているのです。ｆＭＲＩやＰＥＴという検査でも証明されていますし、前頭葉の働きを調べるものに、ウィスコンシンカード分類検査というものがありますが、このＡＤＨＤの子は低得点だという報告もされています。

こだわりやパニックは大脳辺縁系と関係が

大脳には、表面をおおっている大脳皮質の下に、大脳辺縁系と呼ばれる領域があります。進化的に大脳皮質より古く、大脳皮質が新皮質と呼ばれるのに対して、旧皮質あるいは古皮質とも呼ばれています。

ここは要求や衝動、情動に関係していて、特に海馬と呼ばれる部分は長期記憶を定着させるのに不可欠なものです。また、海馬の前にある扁桃体と呼ばれる部分は、恐怖（情動）を感じ、生み出すところです。

ＡＤＨＤの特性である異常なこだわりやパニックなどは、この大脳辺縁系の働きと関係していると言われています。

特性を理解するために知っておきたい脳のこと③

脳の神経回路がうまくつながっていないのが、ＡＤＨＤです。多くの神経伝達物質が関係しているとされていますが、中でもドーパミンはＡＤＨＤとの関係性から注目されている神経伝達物質です。

脳の神経回路がうまくつながっていない

脳を構成する主役は「神経細胞」と呼ばれるものです。電気信号を発して、情報のやりとりを行う特殊な細胞です。その数は大脳で数百億個、小脳で千億個、脳全体では千数百億個にもなります。

一つの神経細胞には、信号を送り出す長い軸索と、主に外からの信号を受け取るたくさんの樹状突起があります。神経細胞は、細胞体と軸索、樹状突起を一つの単位として考え、「ニューロン（神経単位）」とも呼ばれています。

樹状突起は、別の神経細胞とつながり、その接するところにはシナプスと呼ばれる隙間があります。軸索が神経伝達物質をシナプスに放出し、受け止めた細胞が反応することで、ネットワーク、つまり神経回路がつながるのです。

最近の脳科学では、この神経伝達物質が心と関係していて、その異常が精神疾患の原因ではないかと考えられています。もちろん、ＡＤＨＤも例外ではありません。

現在、確認されている神経伝達物質は、50種余りありますが、特にＡＤＨＤと関係があると考えられているのは、ドーパミン、ノルアドレナリン、セロトニン、アセチルコリンの４種類です。

ＡＤＨＤではドーパミンが減っている

４種類のうち、最も重要なのがドーパミンです。ドーパミンは脳の中の一定の領域に分布するニューロンから分泌され、認知機能、特に行動や感情（情動）に関わるニューロンの働きを抑えたり調節したりします。

このドーパミンが少なくなると、自分の意志で前に進むような運動ができなくなったり（パーキンソン病）、無力感・無気力・失意を覚えたり（うつ病）しますが、ＡＤＨＤでは注意力や集中力が失われて、不注意などの特性として現れると考えられています。

後ほど説明しますが、メチルフェニデートなどの中枢神経刺激剤は、ドーパミンを増やす働きがあるので、ＡＤＨＤの特性の改善薬として最も多く用いられています。

最近のＡＤＨＤの家族の研究からは、ドーパミンを放出したり、受け止めたり、再び取り込んだりする遺伝子の異常も疑われています。これらの遺伝子がないネズミは多動になることも実験で確認されています。

近い将来、血液から遺伝子を調べて、ＡＤＨＤであるかどうかが分かる時代が来るかもしれません。

◆ ニューロンの仕組み ◆

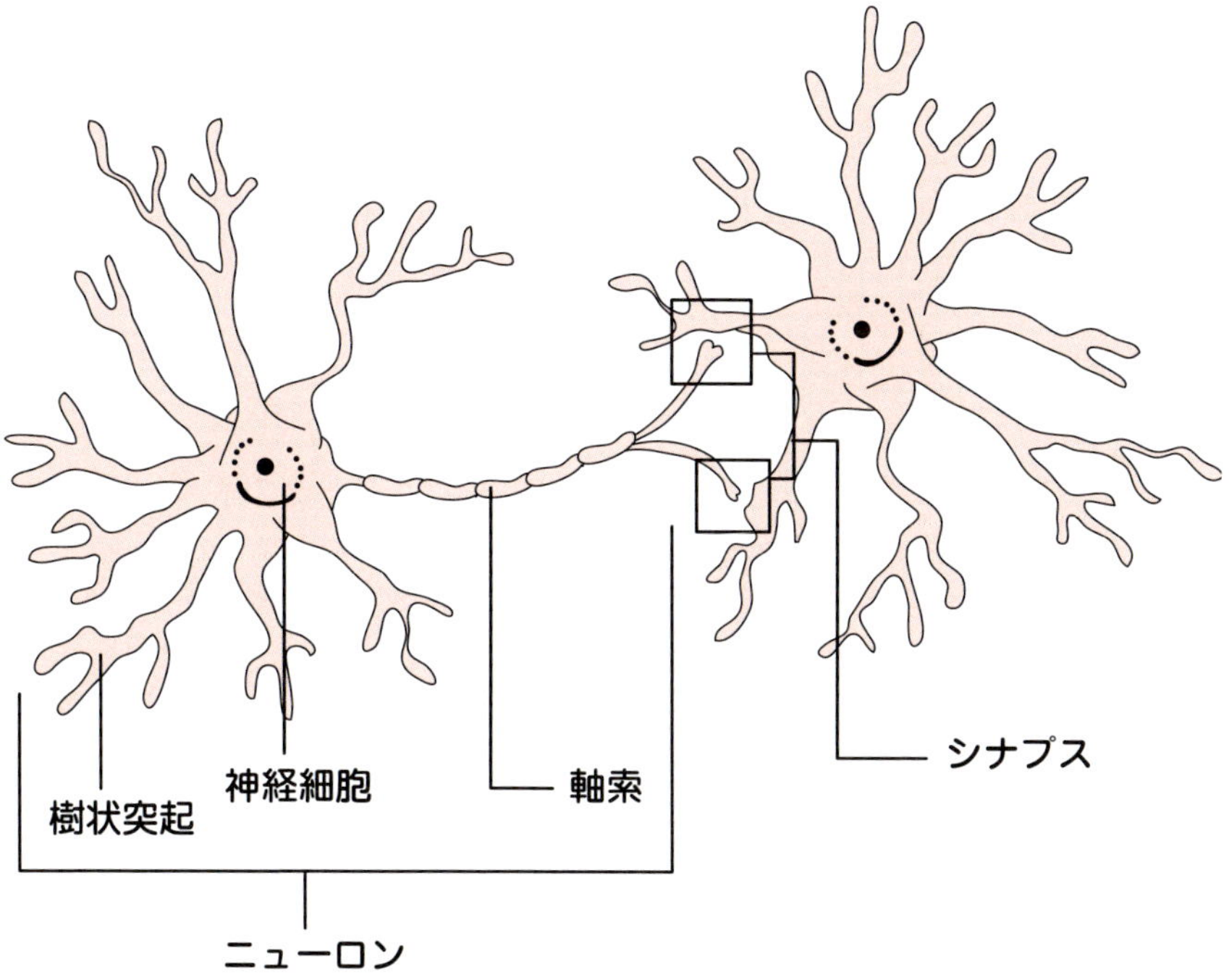
樹状突起
神経細胞
軸索
シナプス
ニューロン

不注意は、なぜ起こってしまうのか

脳の実行機能（遂行機能）がよく働いていないのがＡＤＨＤの特徴です。そのことが、周囲への観察をおざなりにして、経験を活かせないために、基本的な特性の「不注意」を招いてしまいます。

注意を集中する脳の仕組み

ＡＤＨＤでは、不注意、多動、衝動性の３つが基本的な特性です。中でも不注意は必須条件です。

では、注意とはどういうことでしょうか。注意とは、動物が外敵から身を守り、生き延びていくための最も大切な認知機能です。注意を構成するために次の３つの要素があります。

①意識している、つまり目覚めていること（覚醒、脳幹網様体が関係）

②前の刺激から目をそらし、新しい刺激に目を向ける、つまり対象の変化に応じて注意を向けること（定位反応、中脳と頭頂葉が関係）

③注意を維持する、つまり注意を集中すること（焦点反応、前頭葉が

関係）

ＡＤＨＤでは、覚醒の状態が二次的に阻害されることはあっても、直接の原因ではないことは証明されています。一方、新しい刺激に目を向ける定位反応は十分過ぎるほど働いていますが、注意を維持して集中する焦点反応が働いていません。

焦点反応は、大脳の前頭葉（特に右の前頭前野）が情報を受けて注意を集中するという仕組みで行われます。これまでに述べたように、ＡＤＨＤでは右の前頭前野に問題があることが指摘されています。そのために、注意という認知機能が障害されると考えられているのです。

ワーキング・メモリが少ない

毎日の活動で、認知機能が意識的あるいは無意識的に働くためには、次のようなことが必要だと考えられます。

①目覚めていること（覚醒）
②外界からの刺激を受け取り、処理し、記憶し、維持すること（学習と言う）
③活動を計画し、実行しながら計画の効果を確認すること

これらのうち、③には実行機能（遂行機能、行動コントロールと呼ぶこともあります）が関わっています。聞きなれない言葉ですが、頭の中でシミュレーションを組める能力のことで、周囲の様子を観察し、経験を参考にして行動を修正しながら、やり遂げる能力のことです。

ＡＤＨＤの子どもは、このものごとをやり遂げる能力が劣っています。それは、ワーキング・メモリ（ＷＭ）が少ないからです。ＷＭとは、物事を成し遂げようとするときに、必要な前提や途中経過の情報を、一時的に記憶しておく脳の働きのことです。

たとえば、自転車に乗っているときに、「あっちの道の方が早かった」とか「あそこの通りは工事中だった」「あの家には、ほえる犬がいた」などといった過去の記憶と照合しながら、進み方を修正する能力はＷＭが働くから発揮できるのです。自転車を走らせながら、もう別のことを考えているわけです。この過程は常に更新されながら次のステップ、つまり目標に向かって進んでいきます。このような動的な思考過程を実行機能というのです。

この機能は、学習する上でも大切な役割を果たしています。そして、実行機能は右の前頭前野で調節されていると考えられていますから、ＡＤＨＤの子どもでは十分に働いていないということになります。そのため、問題を解決する能力や自分を客観的に見つめる能力が低下して、課題をやりとげることが難しくなるのです。

自我の形成に関係しているDMNとは

何もしていないときでも40％のエネルギーを消費しながら脳は働いています。なぜなのでしょうか。このDMN（デフォルト・モード・ネットワーク）と呼ばれる脳の働きが、実は思春期に大切な自我の形成に関係しているのではないかと言われているのです。

そこで、注目されるのが脳のDMN（デフォルト・モード・ネットワーク）という働きです。

DMNとは、何もしていないときの脳の状態のことで、今までは何も役目がないと考えられていました。何もしていないといっても、何かは考えているのでしょう。脳の40％のエネルギーを消費しているといわれているのですから。

では、何のためにそんなにエネルギーを使っているのでしょうか。

DMNは、社会脳とほぼ同じネットワークであることも分かっています。また、DMNは心の発達、自我の形成にも関係していると言われる

ADHDの子どもは社会性が2年遅れている

ADHDの子どもたちは、同じ年齢の子どもたちと比べ、どこか幼く見えてしまいます。

このことは研究でも確かめられていて、社会脳といわれるネットワークの形成が通常より、2年ほど遅れているとの報告が相次ぎました。最近になり、服薬治療を行ってきた子どもたちが思春期になると、社会脳の遅れが回復している、そんな報告がなされるようになっているのです。

ようにもなっています。

服薬治療でWMとDMNのつながりが改善される

ADHDでは、前頁で説明したWM（ワーキング・メモリ）が作業中には少ないとはいえ、働いています。そのときにもDMNが働き、また何もしていないときにもDMNが働いているといわれています。では服薬治療を施すとどうなるのでしょうか。

ADHDの人が服薬したあと、自己評価や内省が行われるようになったのです。何も考えていないような人だったのに。つまり、社会脳の回復が見られたのです。

服薬によって、DMNとWMのつながりが適切に機能するようになったのではという推論が成り立ちます。つまり、薬の効果で、内省や自我が深まり、社会脳の機能が促進されたのではないかと考えられるのです。

このことは、まだ実験的に確認されているわけではありません。しかし、服薬している子どもたちが思春期になると、自我の形成が促進され、社会脳の遅れが回復しているとするならば、早いうちから適切な対応がなされ、服薬することも、その子にとっては大きなメリットになるのではないでしょうか。

ドクター宮尾のつぶやき②

どんぐり発達クリニック院長　宮尾益知

思春期そのものが抱える課題

子どもとしての発達段階の完成時期は思春期です。思春期は、小学校の高学年、中学校ぐらいから成人までの時期を指し、肉体的にも精神的にも大きな転換期です。この時期は、どの子どもにとっても、最も問題が起こりやすく、すべてが変化しうる時期ですが、多くの混乱を乗り越えて、人として成長する大切な時期でもあります。

言い換えると、第二次性徴を迎え、体のエネルギーや性的エネルギーが増大していく時期ということです。

このような思春期では、どのようなことが大人になるために乗り越えなければいけない課題として現れてくるのでしょうか。

友だち仲間との関係をどのように発展させていくか、肉体の変化をどのように受け止めるか、親からの精神的な分離（世代間境界）と自立をどのように達成していくか、自己意識（アイデンティティー）をいかに獲得していくか、性的な成熟をどのように迎えるか。

このようなことが思春期に混乱を招く要因となります。

このころの発達の課題で重要なものに、自己有能感、メタ認知と自我形成があります。家族の関係性も変わっていきます。また、母からの精神的な分離と、父との新しい距離という問題が出てきます。

思春期までに対応が取られていないADHDは反社会的行動につながりやすい

では、ADHDにとってはどのようなことが問題になるのでしょうか。ADHDにおける思春期の課題を考えてみましょう。

ADHDは衝動的で多動、不注意であることにより診断されますから、社会との関係性が薄いと考えてもよいかもしれません。

ADHDの子どもたちを診療してきた

医師達は漠然と2年ぐらいの遅れを感じていました。最近になり、社会性に関係している「ソーシャル・ブレイン」が2年ほど遅れているとの研究がいくつか発表され、薬物治療を行っている場合には、思春期に改善しているとの報告も行われています。このこともヒントになるでしょうか。

思春期には、ただでさえ反社会的行動が認められることが増えてきます。

反社会的行動では10歳以前と10歳以降の間には、予後に関して明らかな違いがあると言われていて、10歳以前の反社会的行動では先天的な抑制欠損が、以降では衝動性の関与が大きいとされています。一般的に言っても、思春期の不適応は社会的な問題に発展しがちなのです。

ＡＤＨＤの症状がこの時期にまで持ち越されていても、約半数は18歳ごろまでに無症状になると言われています。しかし、残りの半数近くは、まだ不注意や衝動性が残っているということです。ですから、この時期になるまで正しい対応がなされていないと、反社会的行動につながりかねないのです。その原因の一つは、ＡＤＨＤのために自分をコントロールする機能が十分に働かないためだと言われています。

事実、私たちが関わってきた反社会的行動（行為障害、非行）の大多数の子どもたちは、その裏にＡＤＨＤがある子たちでした。しかも、それまでに何の対応もとられていない子どもたちでした。

Column-2

発達から見た思春期
その2・家族のあり方

家族からの分離傾向が加速していく時期

24ページのコラムでは、思春期の性意識（セクシャリティ）と道徳観、自我の確立などを社会との関係から説明してきました。ここでは、家族関係での思春期を見ていきましょう。

家族関係では、仲間と一緒に活動することへの熱意が高まるにつれて、家族との分離の傾向が加速していきます。学校であったことを帰宅したらすぐにしゃべっていたのに、あまりしゃべらなくなるのもこの時期です。

そうした変化を象徴するのが服装です。それまでは親が買い与えていた洋服を文句も言わずに着ていた子が、ある日、拒否するようになります。女の子であれば、おしゃれに目覚める時期、友だちの間でもファッションに関する話題が増えてきます。「もう子どもじゃないんだから、自分の着る物は自分で選びたい」というのが素直な発達を示しているのでしょう。

極端な例になると、家族から見ると奇妙なとしかいえないような変わった服を仲間と揃えて着て、一種の「ユニフォーム」として行動することもあります。繁華街にたむろして、友だちと一緒にいる子どもたちの奇妙な服装や行動を想像してみてください。そこまでではなくても、家族の外にいる成人を大人としての、また将来の自分としての役割モデルに選んだり、特定の教師などとの親密な関係を築いたりしながら、家族からの分業は行われていきます。

しかし、このことは、独立したいという感情と、独立することが不安だという両面感情（アンビバレンツ）を呼び、さらなる自律性が求められることにもなります。そのためにも、その子が属してきた家族が安全で安心できる基地であり続けることが大切なのです。

思春期のころの一対一の関係の友情は、きわめて重要です。一般的に女性の友情は秘密を互いに打ち明け合い、共存の世界をつくることに重点が置かれ、男性の友情は同じ活動や競争に重点が置かれると考えられています。

思春期は、自分の心の発達と社会との関係が劇的に変わっていく時期です。このような多くの課題を乗り越え、自分で考え、自分で決め、自分で責任を取る、そんな真の大人になっていくのです。

第3章

ADHDの子どもが抱える思春期の悩み

思春期になると、自意識が強くなり、さまざまな悩みを抱えるものです。友だちとの付き合いが生活の中でも、大きな割合を占めるようになり、異性のことも意識するようになります。ADHDの子どもたちは、こんな時期にどんな悩みや問題を抱えているのでしょうか。

人間関係編

「自分はどこか違う」ことを意識し始める

思春期になると、周りの人が気になり始めます。特性があればなおさらです。自分のことをしっかり認識し、アイデンティティーを確立する大事な時期、それが思春期です。

自分のことを知って いい自画像を描こう

思春期になると、誰でも周囲の人が気になり始めます。これは、自己意識（アイデンティティー）を獲得する上で、とても重要なことです。「自分はいったいどんな人間なんだ」「自分が生きている意味はあるんだろうか」といった問いかけを自分自身に投げかけます。その時期に最も大切なのが「いい自画像」を描けるかどうかです。小さいころから注意や叱責ばかり受けていると、「失敗体験」の積み重ねが心に残り、「どうせ僕なんか、どうせ私なんか」と卑屈になってしまい、いい自画像がなかなか描けません。「自分は必要とされている」「こんなことができる」といった自尊感情が育てば、いい自画像も描けるようになるのです。

発達障害の特性を持つ子どもたちは、自分はどうも他の子どもたちとは違うようだということを意識し始めるのは、小学校の3、4年生ごろです。そのころになれば、本人に説明するのがいいでしょう。

実際にＡＤＨＤという診断名を伝えるのは、中学生になってからの方

がいいでしょう。そのころなら、ADHDという意味をある程度、理解できるようになっていると思います。中学生になっても、親がADHDだときちんと説明せずにためらっていると、服薬も拒否し、自分の行動をコントロールする能力を学べないままになってしまいます。

身近な友人の中にサポーターがいると安心できる

自分自身のことを知ることは、友人関係においても大事なことです。

例えば、思いついたことをすぐに口にする、これもADHDの特性ですが、時にはそのことが人を傷つけることもあります。また、人の話に割り込んで自分のしゃべりたいことを一方的に話してしまう傾向もあります。こうしたことが、友人関係を損ねてしまう一因になるのです。

自分の特性が分かっていれば、ひと呼吸おくとか、ちょっと我慢して他人の話を聞くとか、そんなことも意識してできるはずです。

ADHDの子どもにとって、親や先生以外、特に友だちの中にサポートしてくれる人がいることは、極めて重要です。

とはいっても、友だちの中から選ぼうというような身勝手な考え方をしてはいけません。日常の中で、気にかけてくれる友人、特性のことを理解してくれる友人、そうした相手がいれば、頼りっぱなしではなく、お互いに支え合う関係を築くことです。互いの苦手なことを補い合えるように、自分のできることも探させましょう。

そうしたサポートをしてくれる人に対しては、きちんと感謝を伝えるように子どもたちには言い聞かせておきましょう。

相手を傷つけてしまう言動がある

ＡＤＨＤの子どもは、思ったことをつい口に出してしまいます。普通なら、その場では決して言わないようなことでも、本人の前だろうとお構いなしで、しゃべってしまうのです。こうした「うっかり失言」は、相手を傷つけてしまいます。特に思春期の仲間同士であれば、なおさら。

悪気はないのにうっかり失言する

ＡＤＨＤの子どもたちは、自分勝手だとか、周りへの気配りがないとか思われがちです。そうしたことは「不注意」「衝動性」といった特性からくるものです。決して、人への気遣いができないとか、わがままだとかの性格的なものではありません。

気持ちが一つのことに集中していると、周囲のことにまで気が回らないのです。また、自分の興味があることに目が行き、すぐに飛びついてしまうのです。

また、うっかり失言してしまうのもＡＤＨＤの人にはよくあることです。前項でも説明したように、人の話をちゃんと聞かない、思ったことをすぐに口にする、といったことから起きるのです。

本人には悪気はまったくないのに、「太っているね」とか「今日の

ＬＨ
説明せずにためらっ
ていると、服薬も拒否し、自分の行動をコントロールする能力を学べないままになってしまいます。

身近な友人の中にサポーターがいると安心できる

自分自身のことを知ることは、友
関係においても大事なことです。
例えば、思いついたことをすぐに
にすると、これもＡＤＨＤの特性で
が、時にはそのことが人を傷つけ
こともあります。また、人の話に
り込んで自分のしゃべりたいこと
一方的に話してしまう傾向もあり
。こうしたことが、友人関係を
てしまう一因になるのです。

お〜い しゃべりすぎー
みんなの話を聞く番だぞー
あっ そうか!

っていれば、ひ
ちょっと我慢して
の話を聞くとか、そんなことも
意識してできるはずです。

ＡＤＨＤの子どもにとって、親や先生以外、特に友だちの中にサポートしてくれる人がいることは、極めて重要です。

とはいっても、友だちの中から選ぼうというような身勝手な考え方をしてはいけません。日常の中で、気にかけてくれる友人、特性のことを理解してくれる友人、そうした相手がいれば、頼りっぱなしではなく、お互いに支え合う関係を築くことです。互いの苦手なことを補い合えるように、自分のできることも探させましょう。

そうしたサポートをしてくれる人に対しては、きちんと感謝を伝えるように子どもたちには言い聞かせておきましょう。

定価 本体1400円(税別)
親子で乗り越える
9784309247595
ISBN978-4-309-24759-5
C0037 ¥1400E

服、ちょっと変だよ」とか、思ったことが口をついて出るのです。いくら悪気はないといっても、言われた方はいい気持ちがしません。ましてや、傷つきやすい思春期の子ども同士だとしたら、友人関係を壊してしまうことにもなりかねないのです。

もし、失言してしまったとしたら、すぐに謝るくせをつけさせましょう。どんな場面でも、すぐに謝り、自分の非を認めることは大切なことです。

中学くらいなら友人にも特性の説明を

自分の子の特性を先生に説明し、理解してもらっておくのは大事ですが、思春期に大きな役割を果たす友だちの理解も必要です。先生を通じて、クラス仲間に説明してもらっておきましょう。そうすればトラブルは減るはずです。

ただし、診断名を告げるというより、その子の特性を伝えてもらうようにしましょう。「忘れっぽい」「おしゃべり」「そそかっしい」とか、具体的に言ってもらえれば、仲間にも伝わりやすいと思います。

そうはいっても、残念なことに一般的にはまだまだ日本では、欧米と異なり、発達障害というと、特別な目で見られがちです。そもそも、親をはじめとして、その子に関わりがある人だとしても、どんな障害なのかをきちんと知らないということに原因があるのかもしれません。

ですから、親がひたすらわが子のためにあれこれ努力することも大事ですが、周囲の人にＡＤＨＤを正しく知ってもらうことが、偏見を取り除くいちばんの近道です。友だちにも「ごめんなさいね、うちの子は悪気はないの。つい、そうしてしまうの。次からは気をつけさせるから」といったフォローも必要になってきます。

反抗挑戦性障害から行為（素行）障害になるのを防ぐ

思春期で最も気をつけたいADHDの二次障害が「反抗挑戦性障害」と「行為（素行）障害」です（詳しくは78ページ）。社会的なルールを破るようなことになる前に、なんとか手を打っておきたいものです。

単なる反抗期ではなく病的なものが「反抗挑戦性障害」

ADHDの二次障害の中に「反抗挑戦性障害」と「行為（素行）障害」があります。親や学校の先生に反抗的な態度をとったり、怒りをぶつけたりするのは、「自分のことを見てほしい」という欲求が現れた場合もあります。と同時に、親との関わりの中で劣悪な家庭環境や、小さいころからその特性のために、「だらしがない」とか「机の周りが汚い」だとかの否定的な言葉をかけられていると、心に傷として残り、それが反抗的で挑戦的な態度になって現れることもあります。その段階で、きちんとした対応が取られていなくて、精神的に不安が強まり、病的なまでに極端になると、医療的なアプローチなどが必要となってきます。

もともと多動・衝動性優位型のADHDでは、家庭に問題があったり、貧困などによる差別や暴力的で陰湿ないじめなどがあったりすると、この反抗挑戦性障害が生じてくることが多いといわれています。

この段階で、適切なサポートによって反抗心が収まればいいのですが、ADHDの子どもたちの40～60％に反抗挑戦性障害が見られ、そのうちの20～30％が青年期から成人期にかけて、行為障害に発展するおそれがあるといわれているのです。

「行為（素行）障害」では医療以外のサポートも必要に

行為（素行）障害は、社会のルールに違反し、他人の生命・財産・権利を侵害するのが習慣になってしまった状態で、うそをつく、盗みをはたらく、物を壊す、みさかいなく喧嘩をする、動物や他人を傷つける、性的暴力をふるうなどの問題行動を繰り返すのが特徴です。

いくつかの原因が想定されていますが、今のところはっきりしたものは見出されていません。家庭環境の混乱やあやまった子育てが、この障害を進めてしまうとも考えられています。両親の不和、養育に関する意見の不一致、家庭崩壊などがこの障害の下地になっていることも多いようです。反抗挑戦性障害の段階で、適切なサポートがなされて本人の反抗心が収まれば、行為（素行）障害に進んでいく危険性は減るでしょう。しかし、何の対応もなされないまま、子どもに対して拒絶的で批判的態度で接していると、反社会的で破壊的な行為障害にまでなるおそれがあるのです。行為（素行）障害の徴候が見られる場合は、医療上の対応もさることながら、家族や学校、地域社会、行政が協力し合って対応しなければなりません。とりわけ、家族の自覚と早め早めの対応が不可欠ですが、家族だけでは対応しきれないときは、躊躇せずに医療機関や保険所、児童相談所、福祉事務局、そして警察などに相談してもらいたいものです。

医療機関でも精神科や療育施設にはソーシャルワーカーがいます。本人あるいはその親が相談すれば、本人や家族の立場で医療機関と地域社会、あるいは行政との橋渡しをしてくれます。地域によっては、「生活支援サービス」として、デイケアーサービスやショートステイなどの緊急避難的な対応が可能なところもあります。

異性との関係で気をつけること

思春期になると異性への意識が高まります。自分の気持ちをコントロールできないＡＤＨＤの子どもたちにとって、異性とどう付き合うかというのは大問題です。特性があるために、相手にどんな思いをさせているか、また、どんな恋愛傾向があるのか、しっかり把握しておきましょう。

相手の気持ちを尊重させること

思春期には異性に対する意識が高まったり、性的エネルギーが高まったりする時期です。異性を意識し、そこから恋愛に発展するという中には、高度な対人関係や社会性、コミュニケーション能力が求められます。ＡＤＨＤの特性を持つ場合、こうした能力が未熟だという点があります。すると、適切な異性との距離の取り方が難しくなってくるでしょう。また、性的な衝動を抑えることも難しい課題の一つといえるでしょう。

ＡＤＨＤの子どもたちは、これまで述べてきたように、「衝動性」などの特性があります。つまり、異性に対しても短絡的な行動を取ったり、いきなり相手の感情もお構いなく告白したり、極端に接近、もしくは拒絶したりという行動に出ること

××ちゃん好きだ！
いきなり何するの?! やめてー!

があるのです。

相手があっての「恋愛」です。そのことを子どもには、理解させておきましょう。女性の気持ちを代表して、母親が自分の恋愛経験を語るのもいいです。親子で、きちんと恋愛の話ができる、そんな環境ができているといいですね。映画やドラマを一緒に見て、感想を述べ合ってみるのもいいかもしれません。

女子は押しの強い異性に弱い

また、「多動性」のために、気分がコロコロと変わりやすく、相手への気持ちも一定せず、衝動的に判断しやすいという特徴もあります。そのことが、異性との付き合いを始めても、比較的、短い関係に終わることにつながりやすいのです。周囲からは「気が多い」と誤解されることもあります。また、衝動的に重大な行動を取ってしまうこともあります。とにかく、異性との付き合い方には、十分な注意が必要です。

特に女の子でＡＤＨＤだという場合、自分が物事をなかなか決められない意識があると、押しの強い異性にひかれるケースがあります。自分では、それほどでもと思っていても、主張の強い男性から強く求められると断れないという人もいます。

異性への意識が高まる思春期、しかも、高度のスキルを必要とする恋愛関係、この時期を大きな傷を負うことなく乗り越えるためにも、家族という関係が何より大切になってきます。お父さん、お母さんは人生の先輩です。子どもたちの悩みを理解し、先輩としてのアドバイスをしてあげましょう。最も大事なのは、相手の気持ちだということも含めて。

行動編

複数の課題を計画的に進めることが苦手

小学校高学年、ましてや中学生になると課題も多く出されます。また、物事をきちんと計画的に進めることも求められます。ＡＤＨＤの子どもたちにとっては、なかなか難しいことかもしれません。そういうときこそ、家庭でのサポートが必要になってくるのです。

ついつい問題を先送りしてしまう

ＡＤＨＤの子どもたちは、いくつかの課題があるとき、どの順番でどのくらいの時間をかけてこなせばいいのかをイメージすることが苦手です。一つのことに取りかかっているのに、すぐに別のことが気にかかり、そちらに注意が向いてしまうのです。また、集中力が必要で、時間のかかりそうな課題を前にして、すぐに手をつけず、なかなか始められないというのも特性の一つです。「いつでもできるから、今はいいや」

と問題を先送りにしてしまいがちなのです。いよいよというときになって、あわてて手をつけるといった具合です。先送りにする裏には、「まだ間に合う」「本気になったら、大急ぎでやればいい」という甘い考えがあるのです。また、一度にたくさんのことを抱え込む傾向もあります。一つひとつを片付けていくのではなく、同時にやってしまおうと無謀なことをしてしまいがちです。

物事の優先順位をつけるのが苦手

中学生になると、小学校時代とは比べようもないほどの課題が出されます。それらを効率よくこなしていく能力も求められます。

そんなときに、ADHDの子どもたちは「優先順位がつけられない」「見通しが甘い」「注意力が維持できない」などの特性が邪魔をしてしまうのです。

例えば、明日提出の英語の課題があるとしましょう。ところが、自分が興味のある美術の課題もあり、その締め切りが1週間後だとしても、そちらに気が向いて先に取りかかってしまう。それがADHDの子どもたちなのです。

そうした子どもたちには、なんといっても予定が目に見える形であることが大切です。ざっとできるようにスケジュール表を作って先の見通しを立てながら勉強することです。このとき、どこまで進んだか、問題集のページ数や覚える単語の数を書くなどすれば、成果が確認できて、やる気も起こります。

夏休みなど、長期の計画を立てなければならないとき、見通しの甘いADHDの子どもたちは、ついついやるべきことを入れすぎたり先延ばししがちです。何日もかかることに優先順位をつけても、なかなかうまくいかないかもしれません。そういうときは、1日単位の「やるべきこと」をリストにして、終わった項目は消していく方法だと、成果が目に見えて達成感が得られやすいでしょう。

予定表をつくると「やるべきこと」の順番がわかりやすくなるのよ
本当だ！なんだかもっとできそうな気がしてきたよ！

行動編

授業に集中できず、うっかりミスが多い

中学に入って、教科別に先生や教室が違ってくると、ADHDの子どもたちはそうした刺激に過敏に反応してしまいます。ただでさえ、「不注意」という特性があり、注意力が散漫で、集中力の維持が苦手な子どもたちです。失敗体験につながらないように、周囲が理解してあげましょう。

ちょっとしたことで気が散ってしまう

「不注意」はADHDの中心的な特性の一つです。ADHDの子どもたちの「不注意」は、決して気を抜いたり、怠けたりして起こるものではありません。

本人は、注意していようと思っていても、自分の注意力をコントロールすることができなくなり、集中力が途切れるのです。

ですから、授業を聞いていても、途中でふと他のことを考えたり、よそのこと、例えば校庭で行われていることなどに注意が向いたりしてしまうのです。

こうしたことが続くと、授業の大切なポイントを聞き落としてしまったり、実は正解が分かっているのに、簡単なミスを繰り返したりして

しまいます。

注意力をコントロールできないため、ちょっとした刺激にも気を取られ、気が散ってしまうのもADHDの子どもたちの特徴です。

廊下を誰かが歩くだけでも、そちらが気になって、先生の声が耳に入らなくなります。本を読んでいても、どこまで読んでいたのかが分からなくなることもあります。

ワーキングメモリの機能が弱く、うっかりミスに

もちろん、周囲の音や景色が気にかかることは誰にでもあります。

ただ、ADHDの子どもたちの「注意散漫」さは、その度合いが違います。ふつうの人にとっては、気にもならないちょっとした刺激にも過剰に反応して、作業の手が止まるのです。周囲の人から見たら、どうしてそんなことでと思われ、共感や理解を得るのは難しいでしょう。

また、ADHDの子どもたちは「ワーキングメモリ」の機能が弱いということは、既に説明しました。ワーキングメモリは作業記憶、作動記憶ともいわれるもので、短期的に見聞きしたことを覚えておいて、作業に反映する働きがあります。この短期的記憶が抜け落ちやすく、それがミスにつながったり、話が通じにくくなったりすることの原因の一つになると考えられています。

とにかく、うっかりミスや注意散漫といったことは、ADHDの特性だと考え、子どもと接することです。そうすれば、余計な叱責や落胆も少なくなるでしょうし、周囲の理解が深まることで、子ども自身の生きづらさも軽減されるはずです。

行動編

自分をコントロールすることが苦手

感情のコントロールが利かないのも、ＡＤＨＤの特性の一つです。ちょっとしたことで怒りが爆発したり、物にあたったりします。周囲の人は、どうしてこんなに激高しているのか、とまどってしまいます。そんなときは、とにかくひと呼吸おくことです。

激しく怒っていてもすぐに収まる

ＡＤＨＤの子どもたちはキレやすい、些細なことでカッとなりやすいと言われます。思春期のありあまるエネルギーを自制する機能が、ＡＤＨＤのためにうまく働かず、さまざまなことでイライラしてしまうからだとされています。

例えば、やろうと思っているときに先に言われる、ダメだと決めつけられる、そんなことでも耐えがたいことに思えてしまい、頭に血が上ってしまうのです。

こうなると、自分でも抑えがきかず、周りの人はびっくりしてしまいます。なぜ、そんなに怒っているのか理由も分かりませんし、ただただ呆然とするばかりです。

怒りの爆発は、10～20分もすると収まります。何事もなかったかのように穏やかになり、それもまた周囲を驚かせます。さっきの怒りようはなんだったのかと。

本人は、その場の勢いで怒りをぶちまけただけのことです。後腐れも

ありませんし、いつまでも引きずることもありません。

深呼吸をする、数を数える、その場を離れる、が効果的

特性のことを理解していないと、そんなふうにところ構わず、先生だろうが友だちだろうが相手構わず怒りを爆発させるのですから、どうしても人間関係に亀裂を生じてしまいます。このような突発的な怒りを頭ごなしに抑えつけられると、欲求不満がたまって、攻撃的な行動にうつり、対人関係のトラブルに発展することもあります。

感情の赴くままに激しい怒りをぶつけるのを防ぐためには、ひと呼吸おくことです。深呼吸をする、数を数える、その場からいったん離れる、自分は何に怒っていたのかを体を動かしながら考える、などで間をおくと怒りは収まり、落ち着きを取り戻すのに効果的です。その日の夜には、復習をしてみましょう。そうすると次には程度が和らぎます。

行動編

授業についていけなくなる

小学校までは問題なかったのに、中学校に入ったら、とたんに成績が下がってきた……。そんな訴えもよく聞きます。小学校と中学校では、学ぶ内容も、環境もずいぶんと違います。そのことが、特性とあいまって成績低下につながっているのかも。また、裏にはＬＤがあるのかもしれません。

いろいろな面で小学校とは違う中学校生活

小学校までは勉強のできた子どもが中学に進学すると、急に授業についていけなくなることがあります。特にＡＤＨＤの子どもは、「不注意」「多動」「衝動性」という特性のために、授業中にじっと座っているのが苦手で、集中力の維持も難しく先生の話が頭に入らなかったり、じっくりと一つの課題に取り組めなかったり、といった特徴があるので、どうしても成績の低下につながることがあります。

また、中学校に入ると、教科別に先生が違うとか、部活動が始まるとか、いろいろな面で小学校とは違ってきます。そうした変化でつまずくと、それが成績不振という形になって表れてくるのです。中学に入学したからといって、入学翌日から中学生として振る舞うというものではありません。少しずつ覚え、少しずつ成長していきます。

ＬＤを併存している場合

ＡＤＨＤの併存症の一つにＬＤ（学習障害）があることはよく知られています。ＬＤは、知能は正常であり、情緒障害、感覚や運動の障害はなく、家庭環境にも問題がないにも関わらず、なまけているわけでもい

ないのに学習に問題がある状態のことです。

原因としては、学習を獲得するのに必要な「認知や運動、理解の困難さ」が挙げられていて、脳の機能障害によるものだと考えられています。

今日の授業で
徳川将軍
全員の名前を
言えたんだ
みんなに
ほめられたよ
わあ
よかったわね、
あなたは歴史が
得意だものね

このようなLDには、①学力の学習困難（読みでは読字障害、書くでは書字障害、算数の障害では算数障害）、②話し言葉の学習困難（聞いて理解するでは受容性言語障害、話すでは表出言語障害）のタイプがあります。

学習するというのは、脳の働きが複雑にからみあって、課題を受け入れ、短期記憶、ワーキングメモリ、長期記憶などを用いて、出力して書いて終わります。つまり、感覚器からのさまざまな入力情報の知覚とコントロールに問題があると考えられているADHDに、LDが高い割合で合併するのは、当然のことといえるかもしれません。

LDに対しては、教育的対応が必要になってきます。症状に合ったいろいろなサポートツールがあるので、親の会（巻末に「全国LD親の会」の連絡先が記載）に相談するなり、ネットで調べるなりするのもいいでしょう。

ただ、子どもに無理強いしてはいけません。基本は不得意な科目を伸ばそうとするのではなく、得意な科目を伸ばして不得意科目をカバーするという学習の進め方が、教育的対応の原則です。

Column-3

アスペルガーはADHDと間違われやすい

同じような問題行動でもその背景は違う

発達障害は主に3種類があり、それぞれが重なり合うことも多いことは、10ページでも述べたとおりです。ASD（自閉症スペクトラム障害）として分類されているものに、アスペルガー症候群があります。こだわりの強さ、対人関係やコミュニケーションの困難、感覚過敏や鈍麻などが、その特性に挙げられます。

特にADHDの女性の場合、男性に比べて多動性や衝動性が顕著に現れない人が多く、専門医でも診断を下すのが簡単ではありません。こだわりが目立ったりしていると、アスペルガーだと間違われやすいのです。では、具体的にADHDとアスペルガーの特性の違いや類似点を見ていきましょう。

ミスが多い

うっかりミスが多いのがADHDの特性の一つです。それは「不注意」から来るもので、物事に注意を向けることはできるのですが、集中力を維持することや切り替えることなどが難しいのです。アスペルガーの場合、自分の世界に入り込み、人の話や進行中の作業に興味を持ったり集中したりしない様子が見られます。

片付けられない

ADHDには「片付けられない」特性があるという先入観がありますが、誰でもがそうではなく、片付けられる人もいます。また、こだわりが強く、持ち物の整理に時間がかかるアスペルガーの人は、その結果として部屋が乱雑になることがあります。それが、ADHDの「不注意」「多動性」という特性があるように見えるのです。

時間が守れない

ADHDの人は、予定を立てて行動するのが苦手です。時間の見込みが甘く、期日までに課題が終わらなかったり、約束の時間に遅れたりします。アスペルガーの場合は、時間を量の概念で考えるのを苦手とします。時間を数値としてとらえ、予定の時間から1分ずれただけでもパニックになることがあります。

ここに挙げたような問題だけを見て、すぐにADHDだ、アスペルガーだと判断しないでください。専門医を受診し、問題行動の背景をきちんと確認することが大切です。

第4章

どうする？ ADHDの子の進学・進路

小学校・中学校の義務教育が終了すると、進学や就職など進路を決めなければなりません。ＡＤＨＤの特性を持った子どもにとっても、保護者にとっても、その後の人生を左右する大切な問題です。早い段階で準備をし、親子でじっくり時間をかけて検討するようにしたいものです。

子どもの「進路スケジュール」を作ってみよう

思春期になれば、この後、高校、そして自立か進学かという進路が気になってきます。進路をどうするのか、目で見て確認できるように「進路スケジュール」を作ることで、具体的にどう行動すればいいかが分かりやすくなります。

13〜15歳

中学校

- 現在の状況
- 通常学級
- 通級
- 特別支援学級
- 特別支援学校

中学2年生になったら準備を始める

中学卒業後の選択肢は就職、高校、就職に必要な技術を学ぶ専門学校など幅広くなる。本人の状態、希望などを考慮して決める。

16〜18歳

高 校

高校の選択は、その後の進路に対して大きな影響を及ぼすので、慎重に選ぶことが重要になってくる。

- 普通科
- 総合学科
- 専門学科（工業科、商業科、農業科、国際科など）
- 高等専門学校
- 単位制やサポート校
- 特別支援学校の高等部
- 通信制・定時制・フリースクールなど

※高卒後に就職を考える場合は、必要な技術や社会的なスキルを身につけることを念頭に選ぶこと。

どの高校がいいかな……

20歳〜

自立・自活へ

パソコンの技能を活かした仕事がしたいな

高校卒業後

専門学校・大学進学

障害があることを申告すれば、入学試験や授業でも特性を考慮した配慮が受けられる。

就職し自立へ

就労支援制度や福祉制度を利用して、適性に合った仕事に就くこともできる。

就職に必要な技術や社会スキルを身につける

どちらがいいか
よく考えましょうね
進学
就職

高校での特別支援教育

特別支援教育とは、発達障害の特性を持つ子どもを対象とする教育的な支援のことです。義務教育である小学校・中学校では、その体制が整備されつつありますが、高校ではまだ十分に整備されていないところがほとんどです。高校への進学を考える場合、希望する高校にどんな支援体制があるのかを事前に確認したり、相談したりすることが大切です。

小学校の場合

通級

通常のクラスで授業を受けるが、支援が必要な科目は特別支援学級で行う。途中で特性に気づいた場合でも、通級によって支援を受けることができます。

特別支援学級

特別なカリキュラムによってサポートするクラス。

特別支援学校

視覚、聴覚、知的、肢体不自由などの障害があり、通常の小学校では学習が困難な場合に通います。

通常学級

特性があっても、支援を受けずに通常の学級で学校生活を送っている子どももいます。授業についていけたり、学校生活での困難が目立たなかったりする場合、特性に気がつかないこともあります。

高校の場合

義務教育ではない高校には、通級や特別支援学級はありませんが、特別支援教育は広がりつつあります。高校進学を考える場合、親の目線ではなく子どもの特性に合わせて検討するようにしましょう。

全日制の一般校

一般の高校では特別支援教育は始まったばかりです。入学前に進学を希望する学校に支援体制や支援の具体的な内容などを確認しましょう。

特別支援学校の高等部

小中の特別支援学校と同じように支援を受けられます。卒業後の就労を目指した授業も行っています。学校によって特色が違うので、入学を考えたなら事前に見学や相談をしましょう。

通信制・定時制、チャレンジスクールなど

授業や生活面で比較的柔軟な対応を受けられます。学校により不登校や学業不振、発達障害など、それぞれに強い分野を持っています。その特徴はさまざまです。入学を考えたなら事前に見学や相談をしましょう。

中学校の場合

通級

通常のクラスで授業を受けるが、支援が必要な科目は特別支援学級で行う。途中で特性に気づいた場合でも、通級によって支援を受けることができます。

特別支援学級

特別なカリキュラムによってサポートするクラス。

特別支援学校

小学校卒業後、そのまま進みます。

通常学級

特性があっても、支援を受けずに通常の学級で学校生活を送っている子どももいます。しかし、中学校へ上がると、学習内容や対人関係が難しくなり、支援が必要になることがあります。

子どもの気持ちを十分に尊重して準備を

中学卒業後の進路は、本人の特性や適性を考えて、保護者を交えて担任の先生と相談することが基本になります。どんなことを学びたいのか、将来どんな仕事に就きたいのか、できるだけ子どもの気持ちを聞き出しましょう。そして、その気持ちを尊重することで、本人のやる気も違ってきます。

放任することと気持ちの尊重は違う

中学卒業後の進路をどうするかということは、特性の有無に関わらず、全ての子どもにとっても大きな問題です。ただ、ＡＤＨＤの特性を持つ子どもにとっては、将来の自立・自活に直結するだけに慎重に決める必要があります。

ＡＤＨＤの子どもは、特性のために自分の能力や適性を客観的に判断することが難しい場合があります。そのために進路を考える場合も現実離れしていたり、こだわりが強く適性にまったく合わない進路を選択したりすることがあります。

例えば、テレビに出てくるタレントや俳優など芸能人になりたいと言い出したり、好きな電車に毎日乗れるからとか、制服が好きだといった理由だけで就職先を選択してしまうことがあります。子どもの気持ちを尊重するといっても、これでは周囲を困惑させてしまうだけです。いくら本人の希望だからと、適性に合わない進路を選択してしまうと、結局は後悔することになってしまいます。

本人の気持ちを尊重することと、放任、つまりやりたい放題にやらせるということとはまったく違います。本人の希望を確認し、その上で現実的な進路を選択し、本人が納得できることが一番重要になります。また、納得できればやる気もわいてくるはずです。

一緒に目標へ向かえる支援体制を取ってあげましょう。

得意なこと、苦手なことをきちんと把握すること

進路を決定する上で重要なことの一つは、子どもの特性とのマッチング（相性）です。ADHDの特性を持つ子どもは、どうしても得手不得手があり、本人の努力だけでは乗り越えられない分野があります。

忘れっぽい、飽きっぽい、うっかりミスが多いなどの特性により、ルーティンワークや家事などをこなすのが苦手です。また、長い時間をかけて集中力を保ってやる作業や、複数の仕事に優先順位をつけて手際よくさばくといったことも苦手にする傾向があります。

ADHDの人は飽きっぽいとされますが、自分が興味を持てる分野ではとことん取り組む一面もあります。また、既成概念にとらわれない自由な発想でアイディアを出すといったことも、ADHDの子どもの得意とするところです。

進路を決定する前に、「できること」、「できないこと」を整理して、客観的に現在の子どもの状態を把握しておきましょう。

ADHDの人が向かない仕事としては、時間やルールの縛りが厳しいものや、工場のライン作業などのルーティンワークがメインのもの、細心の注意が要求される機械操作などが挙げられます。逆に、外回りの営業職のように行き先や場所が変わる仕事、研究職のように自分の関心があることに集中する仕事、創造力を発揮できるクリエイティブな仕事などはADHDの人に向くようです。

いずれにしても、保護者と学校の先生を交えて話し合い、支援者などのアドバイスももらいながら、時間をかけて準備することが大切です。

「得意なこと」
「苦手なこと」を
書き出して
整理してみよう

全日制、定時制、通信制、それぞれの特徴を知る

高校には、全日制、定時制、通信制などがあり、また、全日制にも普通科、農業や工業、商業などを専門に学ぶ専門学科、一般的学習である普通教育と専門的学習の専門教育を総合的に施す総合学科があります。子どもの適性によって、それぞれのメリットとデメリットがあります。

高校によって授業の形態や特徴が変わる

全日制は、朝から夕方まで授業を行う一般的な高校です。普通科、農業や工業などを専門に学ぶ専門学科、それに総合学科などがあります。

中学より授業は難しくなり、人間関係も複雑になってきます。それだけＡＤＨＤの特性を持つ子どもにとっては、つまずく要因が多くなると考えられます。何よりも子どもの特性と相性を考えて、本当に学びやすい高校を選ぶようにしましょう。

もし、子どもがコンピュータや機械などが好きだったら、工業高校へ進み才能を伸ばすこともできるでしょう。とはいえ、全日制高校の発達障害支援は、まだ始まったばかりなので、気になる高校があったら必ず子どもと一緒に見学に行き、支援についての環境を確認しておきましょう。

定時制高校は、1日を午前の部、午後の部、夜間の部に区切って授業を行っています。年齢に制限がなく、仕事を持っている人も学べる高校です。全日制より1年多い4年で卒業となります。

通信制高校は、自宅で学習し、週に1～2回スクーリング（面接指導）に行きます。他の生徒と交流する機会が少ないので、自分のペースで学習したい人、集団行動やコミュニケーションを取るのが苦手な人には向いている場合があります。

	主なメリット	主なデメリット
全日制高校の場合	●普通科、専門科、総合学科などがあり、選択の幅が広い ●進学、就職など卒業後の進路の幅が広い ●友人ができ、交友関係が広がる ●部活動などを通して社会性が身につく	✕授業の進み方が早い ✕人間関係でトラブルになる場合がある ✕いじめや孤立化する場合がある ✕個別支援が受けにくい
定時制高校の場合	●午前、午後、夜間の好きな時間に通える ●授業以外の時間を自由に使うことができる ●さまざまな年代や環境の人と交流できる ●技能連携校（働くための技術を獲得する）に並行して通える	✕卒業まで４年かかる（３年で卒業もある） ✕生徒の年代が違うことによるトラブルが起こる場合がある ✕時間の自由があるので、さまざまな誘惑がある
通信制高校の場合	●自宅で学習できる ●対人関係のトラブルが少ない ●卒業までの制限がないので、自分のペースで学習できる ●高校中退者でも再入学して卒業できる ●技能連携校（働くための技術を獲得する）に並行して通える	✕学校生活を通じた交友関係を築きにくい ✕社会性が育ちにくい ✕高校生という自覚が芽生えにくい ✕自宅学習のため、さまざまな誘惑があり挫折しやすい

専門的な知識を学べる「高等専修学校」

法制度上では高校とは別種の学校ですが、実務に役立つ知識や技術を学ぶことができるのが高等専修学校です。多様化する生徒のニーズに応える教育機関として、社会的にも高校と並ぶ学校という評価が定着しています。

高等専修学校で学べる専門知識

学習内容は8分野あり、専門科目を中心に学ぶ

農業
主な設置学科
農業、園芸、造園、バイオテクノロジー、動物管理など

工業
主な設置学科
情報処理、コンピュータグラフィックス、自動車整備、土木・建築など

衛生
主な設置学科
栄養、調理師、製菓、製パン、理容、美容、エステなど

医療
主な設置学科
看護、歯科衛生、臨床検査、診療放射線、理学療法など

教科学習ではなく専門知識を学ぶ

高等専修学校は、中学を卒業後に進学できる学校です。数学や英語といった教科学習ではなく、医療、農業、商業実務といった仕事に結びつく専門的な知識や技能を学んだり、実務に役立つ教養を身につけたりすることができる学校です。

やりたいことがはっきりしていたり、パソコンや機械いじりなど得意なことがあり、その方面への進路を考えたりする場合、高等専修学校への進学は最善の方法といえるかもし

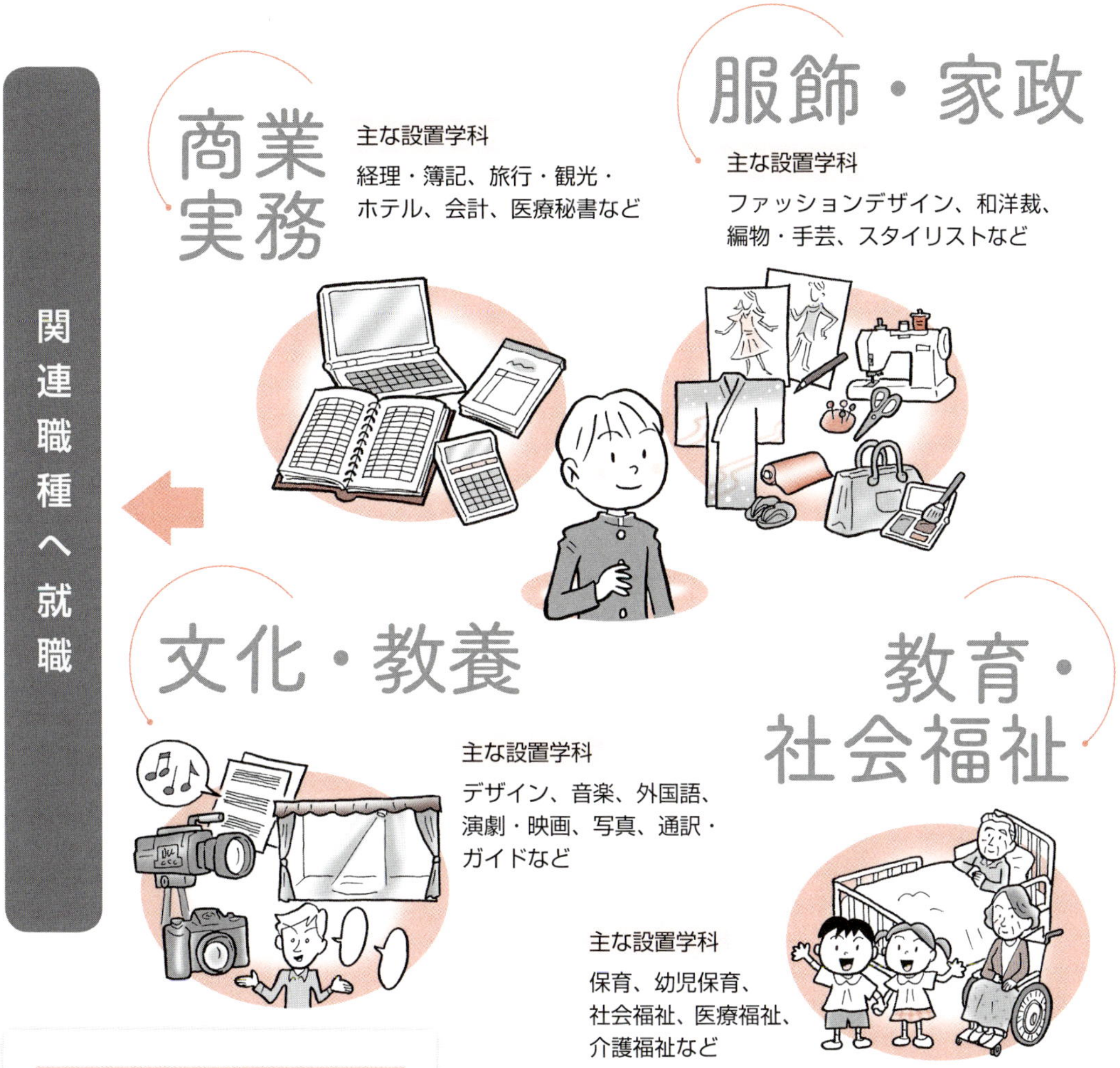
関連職種へ就職
商業実務
主な設置学科
経理・簿記、旅行・観光・ホテル、会計、医療秘書など
服飾・家政
主な設置学科
ファッションデザイン、和洋裁、編物・手芸、スタイリストなど
文化・教養
主な設置学科
デザイン、音楽、外国語、演劇・映画、写真、通訳・ガイドなど
教育・社会福祉
主な設置学科
保育、幼児保育、社会福祉、医療福祉、介護福祉など

れません。

高等専修学校の中には、不登校の生徒を積極的に受け入れている学校や、私服で通えるなど自由な校風の学校もあります。

卒業して高卒の資格を得るためには、技能連携による通信制高校との併修や「大学入学資格付与指定校」を選び入学する必要があります。

高等専修学校への入学を考えた場合、どのような制度が利用でき、どんな資格が得られるのか、しっかりと確認しておきましょう。

高校卒業と同等の資格が取れる学校

「大学入学資格付与指定校」とは、高校卒業と同等の資格が得られ、大学への受験資格が得られる学校ということです。指定を受ける主な条件は、修業年数が3年以上、総授業数が2,590単位時間以上（普通科目の総授業時間数が420単位時間以上）などとなっています。3年以上の高等専修学校は、ほとんどが指定校になっています。

宮尾《ドクター》のつぶやき③

どんぐり発達クリニック院長　宮尾益知

思春期の父と息子の距離の取り方を表す「フィールド・オブ・ドリームス」

思春期では、親からの精神的な分離（世代間境界）と自立が課題になります。

特に、愛着の対象としての母親からの分離は重要な課題です。ただ、この時期になって母から別離し、父からも別離すれば、突然、まったくの孤独になってしまいます。

母と精神的な分離のとき、父からの父としての思いを子どもが感じることができれば、自己有能感とともに社会の中で正しく生きていくことができます。

父親と男の子の関係は、よくキャッチボールに例えられます。そのことを端的に表した映画があります。

１９９０年に日本で公開された「フィールド・オブ・ドリームス」という映画がそれです。Ｗ・Ｐ・キンセラの原作をケヴィン・コスナー主演で映画化された作品です。

アメリカはアイオワ州の田舎町に住むレイ・キンセラは、農業でなんとか家計をやりくりする農家の男です。

彼には、心残りにしていることがありました。若いころに父親と口論の末に家を飛び出し、以来、生涯に一度も父の顔を見ることも、口をきくことすらもなかったことを、心の隅で悔やんでいたのです。

キャッチボールが示す理想の父と息子の距離

ある日の夕方、トウモロコシ畑を歩いている彼の耳に、ふと謎の声が聞こえました。"If you build it, he will come."（それを造れば、彼が来る）と。その言葉から強い力を感じ取った彼は、家族の支持を得て、周囲の人々があざ笑うものの、何かに取り憑かれたように生活の糧であるトウモロコシ畑を切り開いて、小さな野球場を造り上げるのです。

その後、しばらく何も起きませんでしたが、ある日の晩、娘が夕闇に動く人影を球場に見つけます。そこにいたのは八百長事件の〝ブラックソックス事件〟で球界を永久追放され、その後、球場で投げることなく、失意のうちに生涯を終えた〝シューレス〟ジョー・ジャクソンだったのです。

最後に、レイの父親・ジョンが若い姿で目の前に現れます。去ろうとするジョンにレイは「お父さん、キャッチボールをしない？」と声をかけます。野球に嫌な思い出しかないジョンは、子どもとキャッチボールをすることがなかったんです。ジョンは、夕闇の中で息子のレイとキャッチボールを行い、トウモロコシ畑の中に去って行きます。こうしてレイの心のわだかまりはなくなりました。

父と男の子との関係を見事に表している映画ではないでしょうか。父を見て育つ子ども、父から見てもらっている子ども、そのことがキャッチボールに象徴されています。思春期の父と子は、このようにありたいと思います。反社会的行動に向かわないためには、最もよい距離の取り方ではないでしょうか。

Column-4

ADHDの人にはLDやうつ病が多い

LDには教育的対応を うつ病には医療的対応を

ＡＤＨＤとの併存が多いのはＬＤ（学習障害）です。他の発達障害と同じく、脳機能の一部に偏りがあるせいで、学習困難が生じると考えられています。「聞く」「話す」「読む」「書く」「計算する」「推論する」などの学習能力のうち、特定の分野の習得や活用に著しい困難を示すものです。

ＬＤに関しては、薬を用いた「治療法」は確立されていません。つまり、教育的対応で、本人の生きづらさを取り除いていくことが大事です。本人の苦手な分野を努力や心がけで克服させようとするより、苦手な部分はサポートして乗り越えさせ、得意な部分を伸ばすことです。

例えば、読むのが苦手な子には、読むことの訓練をするよりも、誰かに読んでもらって（パソコンの読み上げ機能の活用など）、内容を理解する方向に持っていく対応が求められます。同じように、書くことが苦手な場合、書かずに済む方法（パソコンへの入力など）を取らせることです。苦手の克服というより、やりやすい方法を見つける、やらずにすます工夫をするといったことが、ＬＤの対応策だと考えてください。

また、ＡＤＨＤによる生活上の困難が解消できなくて、自己否定につながり、うつ病などの気分障害になる人もいます。ＡＤＨＤの人は、そうでない人に比べてうつ病にかかるリスクが相当高いとも言われています。

うつ病は、精神疾患とはいっても身体症状的な表れ方をするのがふつうで、気分がめいる、ゆううつ、うっとうしいといった「抑うつ気分」と、何もやる気が起こらない、疲れやすい、だるい、おっくうといった「精神抑制」が中心症状です。

特に女子の場合、ＡＤＨＤの存在になかなか気づかれず、「もっとちゃんとしなさい」などと叱責され、ストレスをためてしまうことが少なくありません。また、不注意などのために失敗を繰り返す自分を必要以上に責めてしまうこともよく見られることです。うつ病などの併存症の確認が必要です。

こうした精神疾患を発症しているケースでは、薬物療法などの医療的な対応が必要になってきます。

第5章

ＡＤＨＤの診断と対処法

自分の子どもがＡＤＨＤかもしれないと思った場合、どこに行けばいいのでしょうか。そして、ＡＤＨＤかどうかの診断はどのように下されるのでしょうか。この章では、ＡＤＨＤの診断チェック、どこに相談に行けばいいか、医療機関探しのポイントは、などとともに治療や薬のことまでを解説していきます。

どの年代でもなり得る障害。まずは、チェックを

発達障害の診断には、アメリカ精神医学会の診断と統計マニュアルが一つの指針になっています。その最新版では、ＡＤＨＤを脳の機能障害から来る発達障害の一種と認定し、年齢的にも幅を持たせています。

大人でも違和感なく活用できる新基準

ＡＤＨＤの診断では、アメリカ精神医学会の診断と統計マニュアルであるＤＳＭが一つの指針になっています。最新の第5版は２０１２年に理事委員会で承認され、翌13年の5月に公開されました。

以前のＤＳＭ-Ⅳでは、ＡＤＨＤを発達障害の現れであるとは考えていなく、子どもの問題行動・不適応行動を分類している「ＡＤＨＤと破壊的行動障害」の中に入れていたのです。今回のＤＳＭ-５では、ＡＤＨＤは「脳の機能障害を前提とする発達障害の一種」として認定しています。

ＤＳＭ-５では「子どもの発達障害としてのＡＤＨＤ」という印象を弱めています。つまり、青年や大人でも発症することがあるとして、年齢にとらわれない、どの年代の人でもなり得る障害だということを強調しているのです。そのため、発症年齢を7歳以下から12歳以下に引き上げると同時に17歳以上の人は診断基準が緩和されて、当てはまる項目が5つ以上となっています。

また、診断結果から得られる症状型に「不注意（限定）」が加わって4つになっています。

このチェック表で気になるところがあれば、ぜひとも専門機関に相談してください。

DSM－5における主な変更点

- 不注意、多動性、衝動性の症状の初発年齢が７歳以下から12歳以下に変更。
- ＡＤＨＤとＡＳＤ（自閉症スペクトラム）の併存は認められていなかった（ＡＳＤの診断が優先）が、ともに診断することが可能に。
- 17歳以上の大人のＡＤＨＤについては、それまで６つ以上とされていた診断の必要項目が5つ以上に。

ADHDチェックリスト

DSMによれば、ADHDと診断するためには次のAからEの要件を満たすことが必要です。

（A−1）以下の不注意の特性が6つ（17歳以上では5つ）以上あり、6ヵ月以上にわたって続いている。

不注意

	✓ チェック項目
□	細やかな注意ができず、ケアレスミスをしやすい。
□	注意を持続することが困難。
□	うわの空や注意散漫で、話をきちんと聞けないように見える。
□	指示に従えず、宿題などの課題が果たせない（反抗的な行動としてでも、指示を理解できないためでもなく）。
□	課題や活動を整理することができない。
□	（学業や宿題のような）精神的努力の持続が必要な課題を嫌う。
□	（宿題、鉛筆、本、道具など）課題や活動に必要なものを忘れがちである。
□	外部からの刺激で注意散漫となりやすい。
□	（例えば、連絡帳を書く、教室当番を果たすなど）日々の活動を忘れがちである。

（A−2）以下の多動性／衝動性の特性が6つ（17歳以上では5つ）以上あり、6ヵ月以上にわたって続いている。

多動性

	✓ チェック項目
□	着席中に、手足をもじもじしたり、そわそわした動きをする。
□	座っていなければいけない場面で席を離れる。
□	不適切な状況で、走り回ったり高いところへ上がったりする（青年または成人では落ち着かない感じの自覚のみに限られるかもしれない）。
□	静かに遊んだり、余暇を過ごすことができない。
□	衝動に駆られて、突き動かされるような感じがして、じっとしていることができない。
□	しゃべりすぎる。

衝動性

	✓ チェック項目
□	質問が終わる前に、出し抜けに答えてしまう。
□	順番を待つことが苦手である。
□	他の人の邪魔をしたり、割り込んだりする（例えば、会話やゲームに干渉する）。

（B）	□	不注意、多動性／衝動性の症状のいくつかが12歳未満に存在し、障害を引き起こしている。
（C）	□	これらの症状による障害が2つ以上の環境（家庭・学校・職場・社交場面など）で存在している。
（D）	□	社会的、学業的または職業的機能において、臨床的に著しい障害が存在するという明確な証拠がなければならない。
（E）	□	その症状は、統合失調症や他の精神障害の経過で生じたのではなく、それらで説明することもできない。

4つの診断結果

- **混合型**：過去6ヵ月間、A1とA2の基準をともに満たしている場合
- **不注意優勢型**：過去6ヵ月間、基準A1を満たすが、A2は3〜5つ（17歳以上は〜4つ）当てはまる
- **不注意（限定）型**：過去6ヵ月間、基準A1を満たすが、A2は1〜2つ当てはまる
- **多動性／衝動性優勢型**：過去6ヵ月間、基準A2を満たすが、A1は満たさない

※『DSM−5精神疾患の診断・統計マニュアル』（日本精神神経学会／監修　医学書院）参照

ＡＤＨＤかもと思ったら、まずどこに行けばいい？

どうも落ち着きがない、忘れ物や失くし物も多いし、自分をコントロールできないほどの衝動的な行動が目につく……。ＡＤＨＤかもしれないと思ったら、まずはかかりつけの小児科医か、公的な相談機関を訪ねてみましょう。

小児科なら、発達障害に理解があるはず

子どもの発達について不安や心配がある場合は、まずはかかりつけの小児科医に相談することになります。ただ、ある程度、大きくなってくると、今さら小児科かと思われる人もいるかもしれません。

しかし、いくつまでが小児科の守備範囲ということはないのです。15歳でも17歳でも、小児科を訪れるのは、なにも恥ずかしいことでも、不思議なことでもありません。

それに、かかりつけの小児科医ならば、その子の小さいころからの様子を把握してくれているはずです。また、小児科医なら、発達に問題があるかどうかを判断し、障害があるようなら適切な対応法をアドバイスしてくれるでしょう。

もし、小児科以外でということになれば、特に小児神経科がよいと思います。他には児童精神科、精神科、神経科、心療内科などを受診します。ただし、子どもの発達障害については、広く知られるようになり、専門医も少しずつですが増えてきましたが、青年期以降、つまり大人の発達障害については、きちんと診断してもらえる医療機関は、かなり限られた数だとも言えます。

行動の問題が大きい場合や、障害がうつ症状などの二次的な問題につながっている場合には、専門医に引き継がれることになります。小児科医から紹介状を書いてもらえるか相談してみましょう。

発達障害者支援センターの利用も

さて、専門医と言っても、どこにあるのか分からない場合もあるかもしれません。どこに相談するか迷ったら、市区町村にある発達障害関連の相談窓口や、保健所、児童相談所

（対象年齢は原則18歳未満）など身近な機関を利用するのもよいでしょう。

また、各都道府県・政令指定都市には1ヵ所以上、発達障害者支援センターが設置されています。ここはADHDなどの発達障害を抱えている人を総合的に支援する専門機関です。運営は社会福祉法人や特定非営利活動法人などが担っています。

その役割は、大きく次の4つに分けられます。

1. 相談支援　発達障害者本人とその家族、関係者からの日常生活でのさまざまな困りごとについての相談が受けられる。必要に応じて、福祉制度やその利用方法、保健、医療、福祉、教育、労働などの関係機関への紹介も行ってもらえます。

2. 発達支援　1と同じような人の相談に乗ってくれ、家庭での療育方法のアドバイスもしてくれます。また、知的発達や生活スキルに関する発達検査などを実施したり、発達障害の人の特性に応じた具体的な支援計画の作成や助言を行ってくれることもあります。その際、関係機関などと連携を図ってくれます。

3. 就労を希望する発達障害の人に対して、相談に乗ってくれるのとともに、さまざまな労働関係機関と連携して情報を提供してくれます。必要に応じて、専門のスタッフが学校や就労先を訪問し、障害特性や就業適性に関する助言を行うほか、作業工程や環境の調整を行うこともあります。

4. 普及啓発・研修　発達障害をより多くの人に理解してもらうための活動を行います。分かりやすいパンフレットやチラシを作って関係機関だけではなく、交通、消防、警察などの公共機関や一般企業などに配布することもあります。また、関係機関の職員や行政職員などを対象に研修も行います。

おおぜいの人の助けを借りながら育てよう

以前は、ADHDの問題は、ほとんどが教育機関で対応するか、ごく少数の児童精神科医が対応するかでした。

最近でこそ、大学病院や総合病院の小児神経科や児童精神科など、発達障害の診断を受けられるところが増えてきた状態です。

ただし、あくまでも病気ではなく、「認知機能に障害があり、社会的にハンディのある状態」ですから、医師一人が治療して治るというものではありません。診断は医療機関で受けるにしても、どのようにフォローしていくか、どんな対応策がその子に合っているかなどは、親、教育関係者ならびにさまざまな専門家の力が集まって、多職種が連携して導き出されるのです。

思春期に気になるADHDの二次障害

ADHDがあると、別の二次障害（合併症）にかかることが多いことが知られています。反抗挑戦障害や行為（素行）障害、不安障害、うつ病などにかかるリスクが高まるのです。

思春期に最も注意が必要な行為（素行）障害

ＡＤＨＤの特性への周囲からの理解がないと、叱責や無視などを受け続け、無力感に襲われ、自己肯定感や自尊感情を持てずに、いい自画像を描けなくなります。その結果、周囲に対して、反抗的な態度を取ったりすることがあります。それが病的に激しくなると「反抗挑戦性障害」と診断されるのです。通常は９歳ごろまでに発症し、小学校高学年から中学生初期に目立つ障害です。

それがエスカレートし、他人への暴力や公共物の破損など、法に触れるような行為に至った状態を「行為（素行）障害」といいます。反抗挑戦性障害と同じく、多動性／衝動性優勢型のＡＤＨＤがある場合に現れやすい障害です。

行為（素行）障害は、ＤＳＭ-Ⅳでは、「ＡＤＨＤと破壊的行動障害」という分類に含まれていました。つまり、ＡＤＨＤと同じ分類の障害に、行為（素行）障害と反抗挑戦性障害があったのです。これは、ＡＤＨＤ→反抗挑戦性障害→行為（素行）障害という関連が想定されていたからです。ＤＳＭ-５での注目すべき変更点としては、反社会的行動（規則違反・暴力行為・犯罪行為・共感性欠如）を伴う非行・少年犯罪と関係する精神疾患が「破壊的行動障害と素行障害（行為障害）」というカテゴリーに一括してまとめられたことです。それまでは、「他に分類されない衝動制御障害」という曖昧な感じのするカテゴリーに分類されていた疾患が多いのです。「破壊的行動障害と素行障害（行為障害）」の中にある児童期・青年期の精神疾患は、反抗挑戦性障害や間歇性爆発障害、素行障害（行為障害）の児童期発症型（10歳になるまで特徴的な基準の少なくとも１つが見られる）・青年期発症型（10歳になるまで特徴的な症状がまったく認められない）、放火癖、窃盗癖、反社会性人格障害、その他の破壊的衝動コントロール障害です。

反抗挑戦性障害の診断基準

診断基準はDSM−5もDSM−Ⅳと同じである。

(1) 少なくとも6ヵ月以上持続する拒否的、反抗的、挑戦的な行動様式で、以下のうち4つ（またはそれ以上）が存在する。

- しばしばかんしゃくを起こす
- しばしば大人と口論する
- しばしば大人の要求、または規則に従うことに積極的に反抗または拒否する
- しばしば故意に他人をいらだたせる
- しばしば自分の失敗、不作法な振る舞いを他人のせいにする
- しばしば神経過敏または他人からイライラさせられやすい
- しばしば怒り、腹を立てる
- しばしば意地悪で執念深い

※その問題行動が、その対象年齢および発達水準の人に普通に認められるよりも頻繁に起こる場合にのみ、基準が満たされるものとする。

(2) その問題行動の障害は、社会的、学業的、または職業的機能に臨床的に著しい障害を引き起こしている。

(3) その行動の障害は、精神病性障害、または気分障害の経過中にのみ起こるものではない。

(4) 行為障害の基準を満たさず、また患者が18歳以上の場合、反社会性人格障害の基準も満たさない。

以上の（1）から（4）の条件が満たされる場合、「反抗挑戦性障害」と診断する。

※『DSM−Ⅳ−TR　精神疾患の分類と診断の手引　新訂版』（高橋三郎、大野裕、染谷俊行／訳　医学書院）参照

行為（素行）障害の診断基準

診断基準はDSM−5もDSM−Ⅳと同じである。

(1) 他者の基本的人権、または年齢相応の主要な社会的規範、規則を侵害することが反復し持続する行動様式で、以下の基準の3つ（またはそれ以上）が過去12ヵ月の間に存在し、基準の少なくとも1つは6ヵ月の間に存在したことによって明らかになる。

[人や動物に対する攻撃性]

- しばしば他人をいじめ、脅迫し、威嚇する
- しばしば取っ組み合いのけんかを始める
- 他人に重大な身体的危害を与えるような凶器を使用したことがある（例えば、バット、レンガ、割れたびん、ナイフなど）
- 人に対して身体的に残酷であったことがある
- 動物に対して身体的に残酷であったことがある
- 被害者の面前での盗みをしたことがある（例えば、人に襲いかかる強盗、ひったくり、強奪、凶器を使っての強盗）
- 性行為を強いたことがある

[所有物の破壊]

- 重大な損害を与えるために故意に放火をしたことがある
- 故意に他人の所有物を破壊したことがある（放火以外で）

[うそをつくことや窃盗]

- 他人の住居、建造物または車に侵入したことがある
- 物や好意を得たり、または義務をのがれるために、しばしばうそをつく（すなわち、他人をだます）
- 被害者の面前ではなく、多少価値のある物品を盗んだことがある（例えば、万引き。ただし破壊や侵入のないもの。偽造）

[重大な規則違反]

- 親の禁止にもかかわらず、しばしば夜遅く外出する好意が13歳未満で始まる
- 親または親代わりの人の家に住み、一晩中、家を空けたことが少なくとも2回あった（または長期にわたって家に帰らないことが1回）
- しばしば学校をなまける行為が13歳未満から始まる

(2) この行為の障害が社会的、学業的、または職業的機能に臨床的に著しい障害を引き起こしている。

(3) 患者が18歳以上の場合、反社会性人格障害の基準を満たさない。

(1) から (3) を満たす場合を「行動（素行）障害」と診断する。

なお、うそをつく、退学、許しを得ないで外出する場合を軽症、被害者の面前ではなく盗みをする、破壊行動などを中等症、性行為の強要、身体的残酷さ、凶器の使用、被害者の面前での盗み、破壊と侵入などが重症である。

※『DSM−Ⅳ−TR　精神疾患の分類と診断の手引　新訂版』（高橋三郎、大野裕、染谷俊行／訳　医学書院）参照

診断はゴールではなく、そこからがスタート

ADHDだと診断名がつくと、ホッとする人、逆に悩んで閉じこもる人、さまざまです。しかし、診断は最終地点ではありません。そこから、子どもが生きやすい道を見つけるための日々が始まるのです。

診断を受けて終わりではない

発達障害の存在が認識されるようになって、昔と比べると診察は受けやすくなりました。学校でも担任の先生から受診をすすめられることもあるでしょう。親が発達障害の知識を得て、早期に気づき診察につながっている場合もあるでしょう。

ただし、受診をすすめられ、診断は受けたけれども、その場で一般的なアドバイスをもらっただけで、その後、適切な対応を何も取らないケースも多いのが実情です。診断がついて、それまでの漠然とした不安が解消され、ホッとするのかもしれません。逆に、診断がついたことで、「この子は障害なんだ」と誤った受け取り方をして、正面から見つめることを避ける親もいるのです。

早期発見、早期対応、それが発達

障害の子どもが生きやすくなる近道です。診断はゴールではなく、その後の対応へのスタートだと心に刻んでください。

診断が出たら、それは子どもの行動や考え方への理解を深めるきっかけだと考えましょう。「困った子」「おかしな子」という誤解を解き、子どもを認める機会にしたいものです。

医療機関で診断名がついたら、次の診察までに何ができるかを医師と相談しましょう。子どもの状態に合わせた目標を1つか2つ立てて、家庭で取り組むのです。

発達障害の治療というのは、子どもが社会に適応できるようにするためのものです。将来、自立した大人として過ごせるように、さまざまな取り組みを続けていきましょう。例えば、社会的な取り組みとしては、発達障害者支援センターなどに相談して、地域活動の仕方を学ぶことも大切です。

教育的な取り組みでは、その子の状態によって特別支援学級や通級指導教室の利用を考えることも必要になってきます。

とにかく、その子との二人三脚のスタート、それが正しい診断を受けることなのです。

医療機関での受診とは

問診

親と子から、これまでの状態や発達の様子、家族に同じような人がいたかどうか、身体的な病気があるかなどを聞き取る。子どもに質問して、受け答えや診察室の態度も診ている。

↓

検査

発達の具合を調べる検査や知能検査が行われる。画像検査や血液検査は、発達障害以外の病気が疑われる場合に限って行われる。

↓

診断

子どもの状態を踏まえて、障害の有無や種類などが診断される。ただ、軽度であればあるほど診断がつかないことも。また、成長とともに発達の状態は変わるので、診断が変わることもある。

↓

治療

子どもが社会に適応しやすいように、さまざまな治療がほどこされる。

＋

教育的配慮

教育機関と連携し、特性に合った教育を求める。

社会的配慮

地域社会とのつながりを築く。

ADHDは比較的、薬が効く発達障害

発達障害の中でもADHDは、薬が効果的だとされています。脳の神経伝達物質に働きかけ、多動や衝動性を抑え、集中力を高める薬があるのです。むやみに薬を拒否せずに、医師に相談を。

薬はあくまでも補助的な手段

いろいろな取り組みをしているにもかかわらず、学校などで相変わらず多動や衝動性が激しくて、問題行動が収まらずに、周囲にひどく迷惑をかけるような不都合な状態であれば、薬による治療を考えることになります。ただし、これはあくまでも補助手段です。他の対応がきちんと行われていなければ、その効果は半減します。

ADHDの多動や衝動性に薬が効果を発揮するのは、以前から知られていました。ただ、安易に薬を使用することについては、まだまだ抵抗が強く、薬を続けるとよくないのではないかと心配するあまり、服用させることを拒否する親も少なからずいます。しかし、最近ではADHDへの理解も進み、薬の効果が科学的に裏づけされたことも手伝い、抵抗感もかなり薄まってきています。

しかし、繰り返します。薬の服用だけで、困っている問題が全て解決するわけではありません。薬である程度、特性を抑えながら、問題を改善する方法をさぐりながら、その子自身が努力すること、自分を客観的に見ること、あるいは親をはじめ、周囲の大人がサポートしてあげることが必要なのです。

2種類あるADHDの薬

ADHDの基本症状を改善する薬として、2種類の薬に保険適用が認められています。コンサータ（メチルフェニデート塩酸塩徐放剤）とストラテラ（アトモキセチン塩酸塩）がそれです。

コンサータは、脳内のドーパミンの量を増やす中枢神経刺激薬です。ＡＤＨＤ特有の注意力の散漫さや多動・衝動性が抑えられます。以前は、同じ成分のリタリンという薬が使われていましたが、依存性が高く、現在はＡＤＨＤへの処方は打ち切られています。

コンサータは徐放剤という、ゆっくり効果を発揮する加工がされているので、薬の血中濃度が急激に上がらず、リタリンよりも依存性は低く、長時間効果が持続するとされています。ただし、チック、トゥレット症候群の子には使わないほうがよいでしょう。

ストラテラは、脳内の神経伝達物質の一つであるノルアドレナリンに主に働きかける薬です。ノルアドレナリンを増加することで、集中力を高め、段取り、時間概念を改善する効果があります。コンサータに比べて効き目は穏やかで、効果が現れるまでに1ヵ月ほどかかるといわれています。

2つの薬とも、以前は18際未満にしか使えませんでしたが、2013年から成人への処方も承認されています。どちらが効くのかは個人差もあるので、医師がその子の様子を見ながら適した方を処方してくれます。

コンサータの流通規制について

コンサータは、製薬会社の適正流通管理委員会により、一定の基準を満たす医師の登録申請に基づいて供給される「規制薬」の一つです。つまり、コンサータを治療に用いる医師は、適正流通委員会の許可を受けなければ、患者に処方できないということです。

これは、コンサータが中枢神経を刺激する薬であることを踏まえて、講じられている措置です。一時期、同じ成分を持つリタリンが一部の医師によって不適正に処方され、依存・乱用を招く事件があり、こうした規制がかかるようになったのです。

徐放剤で効果を感じるまでに時間がかかるため、依存症は生まれにくくなっていて、このように認められた医師による処方なので、依存や乱用の心配はありません。

心理カウンセリングは年齢によっても異なる

発達障害の対応策の一つに心理カウンセリングがあります。その方法は、子どもの年齢によって違ってきます。

まずは社会性を身につけるトレーニングから

発達障害の対応策の一つに心理カウンセリング（心理療法）があります。これは、学校のスクールカウンセラーや保健所、精神保健福祉センター、医療機関などにいる専門家が行うものです。その中身は、行動療法、認知療法、家族療法、指導療法などがあります。

ADHDの子どもに対する心理療法は、年齢によっても異なりますし、どんなアプローチを選ぶかによっても変わってきます。基本的なものとしては、集団指導として社会性を身につけられるようなソーシャルスキルトレーニングが行われます。社会性が身につけば、子ども自身が苦手として困っていたことの改善につながります。

幼児期は行動療法 学童期は認知療法が中心

ADHDの子どもでは、幼児期に多動性や衝動性をコントロールすることができなくて、周囲に対して困った（不適切な）行動を取ることがあります。そこで、行動療法による対応として、次のようなことが大切になってきます。まず、具体的にどんな行動が問題なのかを見極め、

それはどのような場合に起こっているのか、どんな行動なら問題になら

ないのかを、分析します。その上で、好ましい行動をしたら、ほめるか何らかのごほうび（トークンシステム：シールやポイントカードなど）で成果を見せ、その行動への動機づけを強めるようにします。困った行動については、危険な場合を除いて、頭ごなしにしかるのではなく、ときには見て見ぬふりも必要になってきます。

　学童期には不注意のために、学習の困難や社会生活上での困難が多くなってきます。認知療法による対応としては、ＡＤＨＤの認知障害が脳のワーキングメモリや実行機能の障害であることを理解することが前提です。毎日の主な行動をいくつかに分けてノートに書き、それを読んで口に出させて実行させます。それを繰り返し、少しずつ心に刻みつけていき、やがてノートを見ないでも、口に出して言わないでも実行できるように指導します。

思春期では家族療法と指導療法が中心になる

　思春期になると不注意、多動、衝動性に加えて、それらによる二次的な情緒障害（うつ傾向などの心の障害）が現れてきます。

　家族療法による対応としては、ＡＤＨＤに悪影響を及ぼしている家族の間のさまざまな葛藤の調整を行います。

　また、指導療法による対応としては、「失敗体験」や、仲間や教師に受け入れてもらえないことからの「自己評価の低下」を是正するため、自己暗示を利用した「自己評価の向上」をはかるような指導を行います。

　このような専門家による心理カウンセリングは、ＡＤＨＤの子どもにとってはとても大切なものです。

　また、子ども時代にＡＤＨＤだった親、アルコール依存や買い物依存、うつ傾向があるなどの問題を持つ親に対しても、心理カウンセリングが必要になることがあります。

お子さんとご家族、
それぞれの心の糸を
ときほぐすことが
大切なんですよ

ドクター
宮尾のつぶやき④

どんぐり発達クリニック院長　宮尾益知

メタ認知の獲得を目指そう

「メタ認知能力」という言葉があります。それは、現在進行中の自分の思考や行動そのものを対象化して、認識することにより、自分自身の認知行動を把握することができる能力。自分の認知行動を正しく知る上で必要な心理的能力。自分の理解していることを理解することができる能力。以上のようなものと定義されています。

現代において、メタ認知能力の育成は、教育、特に学校教育において特定の教科教育を越えた、重要な課題の一つとなっているものです。

ADHDの子どもたちの問題行動が改善するときが、メタ認知を獲得したときだと言われています。

女子マラソンの有森裕子さんが、1996年アトランタ五輪で走ったときのエピソードをご存じですか。

96年、アトランタ五輪の女子マラソン、有森裕子さんは持てる力を出し尽くして3位でゴール。直後の取材ゾーンで彼女は「初めて、自分で自分をほめたいと思います（自分にご褒美）」と言っています。

この言葉がバルセロナの銀に続くメダル獲得とともに注目を浴びました。「自分をほめたい?」、どんな意味だろうと、みんなが一瞬奇妙な感じを持ったことがありました。

有森さん自身の言葉だと誰もが思っていましたが、もともとは都道府県対抗女子駅伝の開会式で、伝説的フォークシンガーで市民ランナーとしても活躍している高石ともやさんが読んだ一編の詩だったのです。

アトランタ五輪のマラソンで3位でゴールし、自分にとっては満足のいくレースだった。「メダルの色は銅かもしれませ

んけれども……、終わってから、なんでもっと頑張れなかったのかと思うレースはしたくなかったし、今回はそう思ってないし」に続いて出た言葉です。

何か日本人にはそぐわないような気がしていましたが、「自分をほめたい」というのは、高石ともやさんが米国に渡ったとき、ボランティアの女性から聞いた言葉だったのだそうです。

ＡＤＨＤの子どもたちは、他の子どもたちと違って、ほめられることはほとんどありません。

頑張っても1位にはなれないかもしれません。何位でもいいじゃないですか。大切なのは順位ではなくて、自分なりに頑張ったかどうかですから。

自分が自分をほめる、これがメタ認知であり、基にある自己有能感の表れではないでしょうか。

こうしてすばらしい自分を自分で作っていきましょう。

Column-5

女性のADHDの特徴は？

男性より特性が目立たないことが多い

ADHDは男性に多いといわれています。男性の方が女性より3～5倍多いという説もあるのです。しかし、実は女性にもADHDの人はもっと多く、小さいころの様子が男性とは少し違うために見逃されているのではないかという見方が最近、出てきています。

男子で目立つ「多動性」や「衝動性」が女子の場合、比較的、外に現れにくいので、ADHDだと気づかれにくいのかもしれません。しかし、「不注意」から来るうっかりミスや片付けが苦手だという部分はあるのです。

思春期、いや成人期まで周囲がADHDだと気づかず、診断もつきにくいとなれば、つらいのは本人です。自分なりに努力しているのに、きちんとした対応が取られていなくて、本人のせいにされがちなのですから。

また、女性の場合、ADHDの特性がおしゃべりに出やすいという面に現れやすいものです。人の話に割り込む、話が長い、余計なことをしゃべって友だちを傷つける

……。これらも、ADHDが裏に潜んでいるのかもしれません。

ADHDと気づかれずに、忘れ物やミスが多いのは自分のせいだと思って過ごしている女性は、自分を責めてしまいがちです。そのままでは、成人するころになると抑うつ症状が出る場合があります。

心身の不調で医療機関を受診したり、トラブル解決策を探したりしているうちに、ADHDだという診断が出たとします。そこから治療や対応策が取られ、生きやすくなるはずです。しかし、そうなってから過去の自分に対して、後悔の念を抱いてしまうというのも、女性によく見られる悩みです。多くの場合は、診断を受けると、それまでの苦労の原因が分かり、過去の「努力しても、できなかった自分」を許せるようになるものです。ところが、治療が進んでくると、また気持ちが揺れ動き、再び自責の念にとらわれて、自己否定につながることもあります。苦しい時期ですが、そうした葛藤を乗り越えると、自己理解が深まります。

短所を長所と受け止め、周囲にも「忘れっぽいこと」「少しおっちょこちょいなこと」を理解してもらうことです。

第6章

診察室から見た思春期のADHD

―― ドクターの宮尾のカルテから ――

毎日、いろいろな子どもたちがやってくる宮尾先生のクリニック。そこに来る子どもたちは、年齢も、症状もさまざまです。一人ひとりに丁寧に対応しながら、宮尾先生は最善の方法を探っていきます。ここでは、先生のクリニックで見た思春期の子どもたちのケースを紹介しましょう。

中学に入ってから不注意の特性が目立った女の子

物忘れがひどい、片付けができないという訴えで来院した14歳の女子中学生。彼女は、多動性が見られない注意欠如障害（ＡＤＤ）でした。症状は薬で改善しましたが、お父さんにも問題がありそうです。

薬の服用後、忘れ物も減りテストの間違いも激減

14歳の女子中学生が、物忘れがひどい、片付けができないなどの訴えで受診に訪れました。見た目は利発そうで、かわいい女の子でした。

お母さんが言うには、小学校のころは勉強もできたし、細かく注意していたからか、忘れ物もそれほどではなかったそうです。中学校になってからは、余りうるさく言うことはこの子のためによくないと考えるようになり、細かく注意することをやめたそうです。

そのころから、だんだんひどくなってきて、部屋の中には脱ぎ捨てた洋服、プリント、食べかすが、あちらこちらに散らばって、足の踏み場もないということです。時々、強く言って、一緒に片付けるときれいになるのですが、三日と持たないそうです。

外出のときも鍵は開けっ放し、自転車の籠には荷物が置きっ放しなど、痴呆の気味があるのでしょうかと心配なさっていました。

本人と話をしましたがあまり自覚も危機感もなく、反応は悪くはないのですが、改善しようという意気込みは感じられません。話が長く何が言いたいのかよく分からないのが気になりました。友達も多く、部活でも活発に活動しているそうです。

ＡＤＨＤのチェックリストでは不注意の項目が高く、多動・衝動性は低い値でした。知能検査では優秀の領域でした。ただ、ＷＭの項目では、特に覚えた数字を逆から言っていく逆唱が低い値だったことで、ＷＭ障害が基盤にあるＡＤＤ（多動性が見られない、注意欠如障害）であると判断しました。

対人関係・社会性の問題はなく自閉症スペクトラムは否定的で、うつ症状もないため二次障害はないと判断しました。

リタリンを使い始め、徐々に増量

していきました。2ヵ月後、お母さんからは、忘れ物、鍵の閉め忘れなどが全くなくなり、心配なく留守も預けられるかもとの話が出てきました。部屋はまだ散らかっていますが、食べかすを見ることはなくなったそうです。

3ヵ月後、テストの間違いが劇的に減ったとの報告がありました。6ヵ月後、偏差値が30上がったという知らせも届きました。

貿易会社経営のお父さんにもADHDの特性が

このころ、お母さんからお父さんに対する相談が寄せられるようになりました。

お父さんは、花卉《かき》を扱う貿易会社の社長。一人で海外に出かけ、交渉して輸入しているそうです。忘れ物がひどく、ダブルブッキングはしょっちゅう、新幹線に上着やPCなどを忘れてくるのは数えられないほどだそうです。お金持ちだからよいのではと言いましたが、一笑に付されてしまいました。秘書の方に頼めばとも言いましたが、今まで頼んでも全てあきれ果てられ、誰も居着かないのだそうです。では、奥さんが秘書になればと言ってみましたが、家庭の中だけでも後始末が大変なのに、そんなことは無理ですとけんもほろろ。

どうしても心配なら、私のクリニックにいらっしゃい、治そうという気があれば手伝いますよと言いましたが、結局、来られませんでした。

ADHDの子どもを持つお父さんで、一人で貿易関係の仕事をされているという方は数人いらっしゃいます。大きな貿易会社の方は一人もいらっしゃいません。海外に仕入れに行って、あちこちに注意が飛んで売れそうな商品を探してくる。ユニークなすてきな商品を運んでくるのでしょうね。日常生活に支障を来さないのなら、きっと治療はしない方がよいのかもしれません。注意が集中しては、拾い物としてユニークな商品を見つけてくることはできないのだと思います。

その後、娘さんは有名な高校からキリスト教系の英語教育で有名な大学に入学しました。卒業後は、カナダの大学に入学したいからと紹介状を頼まれました。無事に入学した彼女は、メープルシロップとメープルクッキーをお土産に訪ねてくれました。とてもADDには見えませんでした。

お母さんに、お父さんのことも聞きましたが、相変わらずだと言っていました。お父さんが認知症とADHDが重なったらどうしようとも心配されていました。

なるほど、わが国もこれからは老人の発達障害が課題ですね。

鉄道好きが高じて、親の財布から泥棒

両親のお金を盗むということで、彼は私のクリニックに来ました。盗みが発覚したことで、父親はひどい言葉で叱責し、彼を攻撃するようになりました。そのことで、彼の気持ちはすさみ、暴力行為にまで及びました。鉄道マニアの彼の心をほぐしたのは、カウンセリングでした。

文句を言いながらの通院が彼を救った

13歳の鉄道マニアの男の子、家庭内での盗みを主訴での受診でした。小学校の低学年から鉄道好きで、小さいころはお父さんがあちこちに連れて行っていました。成績はあまりよくありません。仲のよい友達もありません。小学校6年生ごろからは、近くですが自分で出かけて夕方帰ることも許されるようになりました。

最初はプリペイドカードを渡していたのですが、カードで切符以外を買うようになり、遠くにも行くようになったのです。カードはまずいということになり、切符は毎回買うことに。こうして週末に1回2000円ぐらい、昼食代も含めて渡すようになりました。中学生になると、子ども料金が大人料金になります。同じところでも倍かかるわけです。

関東周辺の鉄道を巡っていくうちに、同じ鉄道好きの大人と知り合うようになりました。大人は皆立派なカメラを持っています。あこがれの気持ちがわき上がり、父のカメラを勝手に持って出かけるようになりました。大人からは遠くに行ったときの思い出が語られます。こうして、大人と同じ事をしたいという欲望がふくれていくにつれ、お金への欲望は限りなくなってきました。

母の財布から数千円、父の財布から数万円の盗みが続き、父の問いつめとそのお金で買ったカメラなどから、家の金庫の中も含めて数十万円の盗みが行われていたことが発覚しました。

家に泥棒を飼っておけるかなどの、父親からの罵詈雑言と暴力行為が始まりました。この日から彼に対する小遣いはなくなり、アルバイトで返すことを誓わされ、広告紙の配布のバイトが始まりました。この時期に他の家に入り込んでしまい、通報されたこともありました。父の暴力行為と見放しから、家庭外での犯罪行為が行われることが多いため、お父さんには、子どもに対する暴力行為をやめるように何度も説得し、こちらで子どもを見ていく旨話しました。こうしてお母さんと一緒に毎月来院し、外来でカウンセリングを行うようになりました。

その間に不登校になったり、家での暴力行為があったり、線路内での写真撮影を止めようとした駅員に対する暴力行為などがありましたが、鉄道学園への転校を契機に学習にも取り組むようになり、目立っていた衝動性も暴力行為もほとんどなくなりました。現在は卒業を目指して勉強中です。毎月、文句も言いながらでも通ってきてくれたことが、この子の未来を変えました。よき鉄道員になってくれるときが、きっと来ると思っています。

ドクター宮尾の こぼれたつぶやき

家庭内の親の財布からお金を取ることは盗みでしょうか。クリニックには、そうした相談で来られる方がたくさんいます。

過去にも同様なことは、どの家にもあったと思います。ただ、言わずもがなのルールがあったのではないでしょうか。取っても小銭にして、お札には手をつけない。親は気がついていても、直接言うことはなく「頭の黒いネズミがいるみたいね」などと気づいていることをアピールし、これ以上すると大変なことになるよと暗につぶやいていたのです。

現代では、このようなのどかな風景は見られなくなってきています。金額も百円玉から千円札、万円札となり、時には数十万円……。私の知っている子どもは、祖父が貯めていた200万円を盗み出したことがあります。

ただ、どの子も目的意識はあまり明らかではなく、ゲームソフトなどを買い、余ったお金で友達にもあげるといった感じでした。少額のお金で買える駄菓子などなくなり、カードで買い物をするようになってしまったので、お金を量として物に換算する風潮がなくなってしまったのかもしれません。

ネットでの買い物が自由にできるようになった今、どのようにしてお金の価値を子どもに教えるのかは、これからの大きな課題かもしれません。

英語が不得手なインターナショナルスクールの生徒

彼の両親は、海外育ちでバイリンガル。自身もインターナショナルに通う13歳。ところが、英語の成績が悪く放校になりそうだと来院。服薬治療と、成績に関してはアメリカのＬＤ向けの教育を受けてもらいました。

英語の検査法を用いて発達障害の知能検査を

ある友人から知り合いのお子さんで、「インターナショナルスクールに通っているけど、学校をやめさせられそうになっている子どもがいる」、と相談を受けました。

13歳の男の子、診察室に呼ぼうと思ってドアを開けると、何となくボワンとした子どもがいました。両親にも入っていただいて、一緒に話を聞きました。二人とも海外育ちの日本人でバイリンガル。仕事は海外と関係の深いマスコミとスポーツ・プロモーションということで、何か余裕のあるご夫妻だなと思いました。

話を聞いていくと、不注意、時間にいい加減、忘れ物などエピソード満載で、学校での成績では、数学がようやく米国の基準、国語（英語）は基準をかなり下回っていました。そのためいつも呼び出しで、このままでは放校になりそうだとのことでした。

ＡＤＨＤのチェックでは不注意優位の高得点でした。発達障害かどうかを見る知能検査のＷＩＳＣ検査も行いました。英語圏での生活が長く、英語で学習をしているとのことでしたので、英語版のＷＩＳＣ検査を用いました。結果は言語知能が高く、ＷＭ（ワーキング・メモリ）が低いという、典型的なパターンでした。

ＡＤＨＤと診断し、コンサータを使い始めました。1ヵ月後、外来の待合室で彼の顔を見たとき、まるで違う人のように、きりりとしていたことを覚えています。成績も上がりましたが十分ではなく、スペルの間違い、レポートが低得点など、まだ放校の危機は続きました。

医療的対応では、これ以上の結果は望めないと思い、米国におけるＬＤ教育の補習を受けたらどうでしょうとアドバイスしてみました。

すぐに学校のスクールカウンセラーに相談し、ハワイのLindamood-

Bell Learning Processes.を紹介され、夏休みの１ヵ月、夏季講習を受けたのです。その後の彼の成績はめざましく上昇し、半年後には国語はＤからＢ、あるいはＡマイナスに、数学はＡになりました。

こうして学校からの呼び出しはぱったりとなくなったそうです。どのように教えているのだろうかと興味を持ち、母親から資料などを見せてもらっていました。その後、母親が米国での２週間の講習会に出席し、講習を受けてきたので、テキストなどを見せてもらい、詳しい教育の方法を知ることができました。なかでもVisualizing and Verbalizing® Program for Cognitive Development, Comprehension, & Thinkingがおもしろそうなので、直接講義を受けたくなりました。そこで、母親を通じて米国の本部に直接掛け合いました。

オーストラリアが時差もなく、行ってみて直接講義を受けるのによいだろうと思い交渉してみました。受講料は高額でしたが、10人の医師と臨床心理士で講義を受ける準備をして行きました。

はじめに職業と国籍と履歴を聞かれ、ネイティブスピーカーでなく、支援教育の専門家でもないのに、私たちのセミナーを聞いても理解できないだろう。ネイティブの専門家でもようやくなのだからと言われてしまいました。

しかし、せっかくだからということで、２時間の教育方法の紹介と質問を受けてくれました。その後、定期的にわが国においても英語が必要なＬＤ、ＡＤＨＤの子どもたちの支援を行っています。

本人はその後も服薬を続けながらよい成績を保っています。初診のときに、お父さんにもさまざまなエピソードがあり、治療を希望していると相談されました。そのころは、まだ成人への適応がなかったので、治験を行う機会があり、声をかけて面接を行いました。

海外のチェックリストと問診項目で行うので、かなりシビアな、日本では尋ねないような質問、言い方が含まれています。

お父さんにはそのことが許せなかったようで、すべて否定の答えをされ、治験参加にはなりませんでした。後で聞いてみると、問診を受けているうちに我慢できなくなって、すべて否定してしまったそうです。

その後、海外の医師を受診され、治療を続けているということです。

職業上では、ＡＤＨＤの人が向いている仕事だなと思っています。思いつきと、人とのつながりで成り立つ仕事ですから。とてもよい人だと思われるキャラクターが感じられたのも事実です。

日々、診療の現場からは、たくさんのことを学んでいます。

ドクター宮尾のつぶやき⑤

どんぐり発達クリニック院長　宮尾益知

脳は、外部に注意を向けていないときも作業をしている

１９２９年にドイツの精神科医ハンス・ベルガーが脳波を初めて報告したときには、脳は覚醒作業時以外にも活動していることを指摘しています。

最近でこそ、ＰＥＴ（ポジトロン断層法）やｆＭＲＩ（磁気共鳴機能画像法）が開発されてから、脳の活動が代謝活動や血流量の変化として観察できるようになっています。しかし、そのころの脳研究は、標的となる現象を明確化するため、コントロールとなる条件での脳の活動（ＤＭＮ）をノイズとして差し引くことが行われ、ベースラインの活動にはほとんど注意が払われていませんでした。

脳は、本人が外部の環境に焦点を当てていないときにも40％ものエネルギーが使われているのです。将来に思いを馳せ、過去の自分を振り返り、ほかの人の視点を考えているときなど、内部に集中した作業を行っているときに活性化します。

典型な例は、自己言及的（自己との関連づけ）、将来の情報処理のために文脈を安定化し設定化することだといわれています。また、このような機能が社会性に関連しているとも考えられています。周

囲からの規則的な情報の取り入れをして、構築していくのがＤＭＮなのです。人の話を聞き、その人に共感して、瞬きが同期することからＤＭＮは働くとの研究もあります。

ＡＤＨＤでは、脳の切り替えがうまく出来ていない

ＡＤＨＤでは、作業を行うときに働くＷＭＮ（ワーキングメモリネットワーク）と、非作業時に働くＤＭＮの切り替え（スイッチング：顕著性ネットワーク）が困難であるために、課題に集中できずに他の出来事を考えてしまったりします。

特に課題が興味の持てないものだと、余計に切り替え（スイッチング）が困難になるとの認知モデルが最近提示されました。確かに、私たちも何か作業をしているとき、ふと別のことを考えていますね。

最近、おもしろい論文がありました。マジックは、皆の注意を引きつけて、話を適切に区切っていきます。共感した人は瞬きが同期するので、そのときに種を仕込むといったものです。こうして我々はマジシャンにだまされていくのですね。

ＡＤＨＤの子どもたちは、正直でだまされやすいですよね。関係あるのでしょうか。

Column-6

脳の仕組みも男女で違う

結論を求める男性脳 共感を求める女性脳

ＡＤＨＤでは男女の差があること、その特性の現れ方にも違いがあること、それらのことは88ページのコラムでも紹介しました。

最近では、男女は体だけでなく、その脳の仕組みも違っていることが分かってきています。

イギリスに自閉症の研究で知られるサイモン・バロン＝コーエンという発達心理学者がいます。彼は、発達障害に性差があることを「男性脳」と「女性脳」という概念を使って説明しています。ただし、男性脳と男性がイコールでないこと、女性脳と女性がイコールでないことは繰り返して強調しています。その理論は『共感する女脳、システム化する男脳』（三宅真砂子・訳／ＮＨＫ出版）に詳しく書いてあります。

では、どんな違いがあるのでしょうか。

男脳の特徴

立体的な知覚、論理的な思考に優れているが、細部にこだわる。すぐに結論を求めがちで、人間関係の機微や感情の揺れ動きには興味を持ちにくい。

女脳の特徴

言語、社会性に優れていて、全体を見通すことが得意。人間関係に敏感で感情的。答えよりも共感を求めがち。

つまり、社会の中で生きていく能力（コミュニケーション、言語、感情、相手の立場で考えられる……）においては、女性脳の方がずっと優れているともいえます。ですから、発達障害においては、男性では特性が目立つのに、女性では社会的に優れているので、特性が目立ちにくいか、もしくは出ても軽くすんでいるということが考えられるのです。

また、ＡＤＨＤでは男性の場合、ストレスを抱えると多動性や衝動性といった特性は外側に向くようです。その結果、暴力や非行といった行為障害にまで至るケースもよく見られます。

女性の場合では、ストレスを外に向けるのではなく、自分の内側に抱え込んでしまうのです。つまり、不注意で失敗を繰り返してしまうと、そういう自分を責めるケースがよく見られるのです。その結果、自責の念にかられ、自己否定につながってしまい、うつ病や不安障害などが引き起こされやすいともいえます。

第7章

家庭と学校でできるADHDのサポート

発達障害の有無にかかわらず、思春期の子どもたちを支えていくことは家庭と学校の役割です。その中で、子どもたちは社会性を身につけ、大人への段階を踏んでいくのです。思春期共通の特徴を知り、それに加えてＡＤＨＤ特有の生きづらさを知ること、それが思春期サポートでは重要になってきます。家庭と学校、それぞれどんなサポートが必要なのでしょうか。

家庭と学校の上手な連携が子どもの生きやすさを生む

子どもは、家庭の中だけで成長するわけではありません。学校という集団生活が成長の糧にもなるのです。家庭と学校、その両方が上手に連携することで、子どもはずいぶんと生きやすくなります。そんな連携を目指しましょう。

中学生になったからと急に成長するわけではない

思春期を迎え中学生になると、子どもたちは小学校時代とはまったく違った扱いを受けることになります。それまでは許されていたことが認められなくなり、新しくやらなければいけないことも増えてきます。それに伴って「もう中学生なんだから」とか「いつまでも子どもじゃないんだから」などという言葉をついかけてしまいがちになってしまいます。

しかし、ある日突然、子どもが変わるものではありません。発達は徐々に進んでいくものです。しかも、ADHDの子どもたちは、同じ年齢の子どもと比べ、2年ほど社会性が遅れがちなのです。

そのことを家庭でも学校でも理解した上で対応を考えることが必要になってきます。ついイライラして不用意に感情的な言葉を投げかけてし

まっては、子どもの心を傷つけてしまうだけです。できないことを責めるのではなく、できていることを認め、上手になったことをほめることが基本的な対応です。できないのは本人の努力が不足しているからではなく、サポートが適切ではないからだと考え方を切り替えてみるのもよいでしょう。

家庭と学校の情報の共有が重要

学校の先生との面談は、子どもに対して共通の認識を持つチャンスです。保護者が子どもの特徴リストなどを作って、家庭での状態や小学校のときの様子などを具体的に説明することで、先生との情報を共有するようにしましょう。また、先生から特性を説明し、クラスメートに理解してもらうことは、偏見やいじめを防止する上でも重要です。先生とよく話し合い、対応の方針が決まったら、クラスメートに分かりやすく伝えてもらいましょう。その際、発達障害の診断名や病気だからなどといった表現には注意が必要です。思春期の子どもたちは好奇心が旺盛なので、余計な興味を刺激して逆効果にならないとも限りません。

子どもの特性を分かりやすく「こんなことが苦手なんだ」とか「こんなときには手伝ってあげよう」「こういうクセがあるけど、気にしないであげよう」などと具体的に説明してもらうことです。そうすると、子どもたちの間にも、手助けしてあげようという気持ちが芽生えてくるはずです。

学校の支援体制について先生から十分に説明を受けておくことも、保護者としては大切なことです。面談の際には、希望すれば支援コーディネーターなどに加わってもらえるはずです。いろいろな人の協力を得て、家庭で対応できることできないこと、学校の役割、それぞれの情報を共有し、役割分担をすることが、「連携」ということです。その連携がうまくいっていれば、子どもの生きづらさはかなり減ってきます。

最後に上手な連携例を挙げておきます。

- 家庭での問題点、学校での問題点をそれぞれが共有する
- 子どもの特性への支援の方法を共有する
- 「ほめる言葉」「しかる言葉」を家庭と学校で統一する
- 可能なら、できるだけ勉強する環境を同じようにする（時間の経過が分かるために同じ型の時計を置く、同じような整理ボックスを両方に置くなど）
- 定期的に専門家を含めて話し合いの場を設ける。担任とだけでは「賽の河原の石積み」ですから。

などです。参考にしてください。

先生に、まず特性のことを理解してもらうこと

学校の先生には、子どもの特性のことをしっかりと伝えておくことが必要になります。その上で、特性に応じた対応を取ってもらうことです。ここで挙げることは、それぞれ家庭での注意事項にもつながります。

自己否定や人への不信感を取り除いてあげる

ＡＤＨＤの子どもは、「失敗体験」の積み重なりもあって、少なからず心に傷を負っています。また、生活体験も少なく、親以外の大人に対して、なかなか信頼感を持つことができない場合が多く、マイナスのイメージを持ってしまうことすらあります。加えて、ＡＤＨＤの子どもたちはあらゆる刺激に対して過敏ですから、周囲の人たちとの関わりにも敏感に反応します。そのため、ささいな誤解から人を信用しなくなって、自分自身の認識をゆがめ、自己嫌悪に陥ったりすることもあります。幼いころから手のかかる子、わがままな子として、周囲から否定的な目で見られ、正常な人間関係の経験にとぼしいＡＤＨＤの子どもたちの中には、今、述べた対人不信や自己否定の思い込みが強く、人と安心して関われなくなっている子どもも少なくないのです。

こうした子どもたちが思春期以降になると、これまでに述べた反抗挑戦性障害や行為障害（いずれも78ページ参照）のような、問題行動を反社会的行動へとエスカレートさせてしまう症例も見られます。

極めて攻撃的で、被害者意識の強い子どもに対しては、現在の問題行動の背景にあると思われる対人不信や自己否定の思い込みに理解を示し、そうした不信や思い込みを少しでも取り除いてやるような、心の内面に関わる取り組みが不可欠です。

温かく包み込み、子どもの硬直した心の扉を開かせていく関わりが、自己認識のゆがみを正し、不登校や非行などのＡＤＨＤの二次障害の予防にもつながるのです。

最初から高い目標を設定しないこと

教師に求められるのは、何よりＡＤＨＤへの理解です。その上で、子どもに信頼されることが第一段階と

しては、最も重要なことになります。では、困った行動、つまり問題行動にはどう対応すればいいのでしょうか。

目標は達成しやすいものを

ADHDの子どもたちの中には、とうてい実現できそうもない高い目標を立て、それが実現できないために自信や意欲を失っている場合が少なくありません。どうしたら高い目標を達成できるかを具体的に考えたり、適切に配分したりすることが苦手なために、いっきに目標を達成しようとあせり、すぐに無理だと分かって簡単に投げ出してしまうからだと考えられます。

このような場合には、少し頑張れば達成できるという経験を積ませることが大切です。まず低い目標を立て、段階的にハードルを高くしていき、最終目標にいたるという、その過程が大事なことだから、ゆっくり一つずつ目標をクリアしていく学習方法を教えましょう。

すぐにキレてしまう

ADHDの子どもの中には、ささいなことでも突発的に怒り出し、周囲の人にそれをぶつけてしまう傾向がある子も多いようです。このようなときは、まともに相手をしないことです。本人にもそれほど深い意図があるわけでもないのです。しかも、その怒りは、何時間も続くものではなく、長くても10~20分ほどで収まるケースがほとんどです。

クラスの子たちにも、そのことを説明し、理解しておいてもらいましょう。対処法としては、相手にせず、時間をおいて冷静になったころを見計らって、落ち着いて話し合うことです。

ケアレスミスが多い

ADHDがあると、勘違いや早とちりが多く、うっかりミスをしやすい傾向があります。その特性を理解した上で、指示はできるだけ具体的に、またメモや文書にして渡すようにしましょう。また、集中力が持続しないので、長時間じっくりと取り組む作業などは苦手にします。こうした特性を持った子どもには、気が散らないような工夫が必要になってきます。教室では、窓側や廊下側を避けて、できるなら最前列の中央の席に座らせたり、黒板の周囲や壁などに余計な掲示物を置かないように注意を払ったりしましょう。

医療にいつ頼めばよいのかを、きちんと親にも先生にも知っておいてほしいと思います

自己評価の低下を防ぐ対応を考えよう

自己肯定感とは、自分は生きている価値がある、必要な人間だ、というように自分を肯定する気持ちのことです。思春期は、この自己肯定感を高める時期でもあるのです。この自己肯定感を高めることは、ADHDの支援の重要な部分を占めているのです。

よりよい「自画像」を描けることを目指そう

思春期になると、ただでさえ自分に対する関心が高まり、対人関係に敏感になって不安が高まります。またADHDの特性を持つ子どもたちは、落ち着きがなかったり、注意力が不足したりしていることで、小さいころから叱責を受けることが多く、失敗体験を積み重ねているものです。すると、周囲と比べて「できない自分」というものがとても気になります。特に、学習面でLDの特性を併せ持っていると、できない学科に関して、自分はダメだと思い込んでしまいがちです。

そうしたことが思春期で問題化しやすい「自己評価の低下」を招いてしまうのです。

家庭でも学校でも当たり前のことができたとき、「できること」や「得意なこと」を見つけて認めてあげることです。そうして、ほめてあげるのです。この「ほめる」ことは、ADHDの子どもに対してはとても大切なことです。目の前のほうびに飛びつく衝動性もあるので、ほめることが非常に大事になってきます。そうして、ほめられ、認められることで、よりよい自画像が描ける「自己評価の高い」人間へと成長していくのです。

短所も見方を変えると長所に

ほめてばかりいると、結果的に甘やかしてよくないんじゃないか……、そう思う人もいるかもしれません。しかし、ほめることと甘やかすことは違います。甘やかすというのは、子どものわがままを増長させてしまうことです。これは、支援ではなく、自立のために自分でやろうとする力を子どもから奪ってしまうことです。ほめるというのは、小さくても子ども自身が一つの壁を越えたことを認める行為です。

例えば、小学校のころから得意だったゲームを「もう中学生だからやめたら」と取り上げずに、「ずいぶんと上手になったね。好きなだけゲームをしていいよ」と言うのは甘やかしです。しかし、ゲームの時間を決めて「さぁ、○時になったから、次は明日の準備をしようね」と言うのが支援につながる言葉なのです。

ＡＤＨＤの特性も見方を変えれば長所にもなるのです。そこを理解していると、ほめる部分もたくさんあるはずです。例えば、集中力の維持が難しいということは、短時間でサッと片付けられることは得意とも言えます。衝動性で目の前のものに飛びつきやすいという点は、目の前のほめ言葉に反応するということです。また、思い切った決断ができるとも言えるのです。

このように、その子が持っているいい点に目を向け、自信を持たせてあげましょう。それが自己評価や自己肯定感を高め、将来の自立につながっていくのです。

ADHDの特性を長所ととらえよう

特性のマイナスイメージも見方を変えることで、
プラスイメージでとらえることができる。

短所		長所
注意散漫	→	好奇心旺盛
忘れがち	→	根に持たない、優しい
ルールやマニュアルを守れない	→	自ら創意工夫するのが得意
独断的	→	判断力・実行力がある
落ち着きがない	→	行動的
しゃべり過ぎ	→	好奇心旺盛
注意散漫	→	コミュニケーション術がうまい

生活改善と関係改善が生活面での対応の柱

ADHDは薬が効く発達障害だと述べましたが、それだけでなく、環境を変え、人間関係の改善も心がけましょう。そうすることで、薬物療法にも取り組みやすくなりますし、生活面での困難がずいぶんと和らぐはずです。

服薬だけでなく、生活面での改善も重要

ＡＤＨＤには、治療薬があります。その力で、不注意や衝動性、多動性といった特性を和らげることができます。脳機能のバランスが整えられ、トラブルが少なくなるのです。しかし、医療の力だけでは、対応として十分ではありません。それだけでなく、生活環境の調整、人間関係の改善を目指せば、トラブルはよりいっそう起こりにくくなるのです。ＡＤＨＤの子どもたちは、その特性のために生活面でいろいろな困難に直面します。その困難を和らげるために、特性に合わせた生活全般の改善をするのです。

例えば、子ども部屋には余計な物（ゲームや本、ポスターなど）を置かないか、見えないところに片付けることで、気が散りにくい環境がつくれます。机は窓の外が見えない向

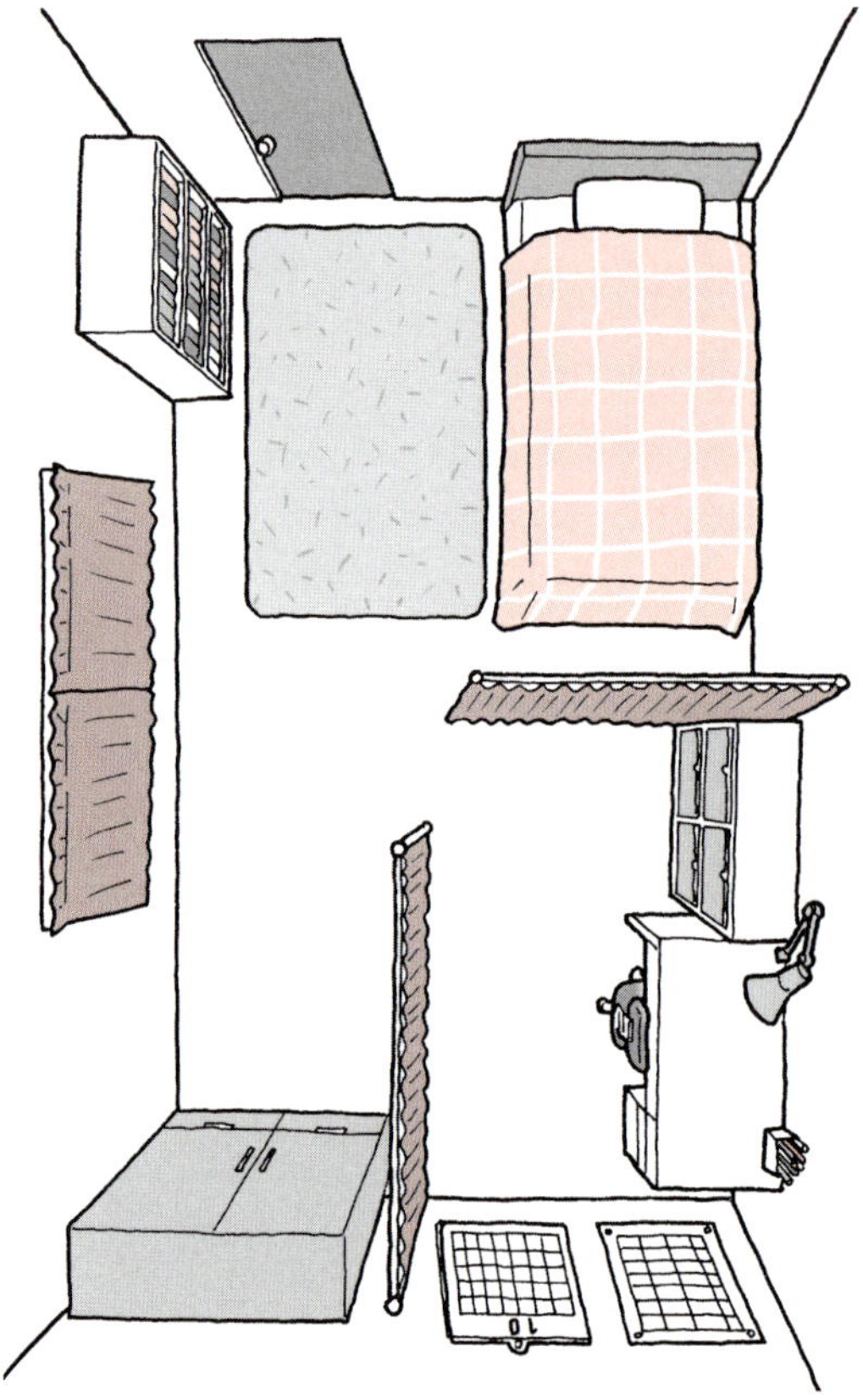

きにして、できればカーテンなどで仕切っておくのもいいでしょう。そして机の周りには、筆記用具やスケジュール表、時間割など勉強に必要な物だけを置くようにしましょう。

なくし物や忘れ物が多いのもＡＤＨＤの特性の一つです。そうしたことを防ぐには、タンスは上の段から入れる種類を決めておく、道具の置き場所を決めておく、空欄が多いカレンダーに予定を具体的に書いておく、親が毎日の予定をこまめに知らせるようにする、といった工夫をすることです。環境を調整するというのは、家具や道具などの設備だけでなく、生活習慣や家族の接し方など、あらゆることを含みます。

人間関係では お互いのねぎらいが大事

人間関係の改善も、環境調整の一貫だと言われています。暮らし方を見直し、加えて人との関わり方も見直しましょう。生活が整っても、人間関係が悪化してしまっては、暮らしはなかなか落ち着きません。

何もかも自分で手がけようとすると、困難に直面しやすくなります。ＡＤＨＤの子どもには、人を頼るのは恥ずかしいことではないことを教え、苦手なことは助けてもらうことを習慣にさせましょう。また、段取りが悪く、物事の優先順位をつけられないのもＡＤＨＤの特性です。手放せるものややめられる活動を探すと、余裕が出てくるものです。

家族や友だち、先生といった身近な人だけでもいいので、ＡＤＨＤへの理解を求めることです。そうすることで、人間関係の悪化が防げます。それができていないと、本人の努力不足だとしかられたり、成長するにつれ「もう子どもじゃないんだから」とサポートが減って、突き放されたりすることにもなります。

本人も苦労しているでしょうが、支える人たちにも苦労があるのです。お互いにねぎらい合うことが必要です。そうして、うまくいったときは本人と周りの人で、その成功を喜び合うことです。そうすれば、関係はより深まってきます。

治療を受けることはもちろん重要ですが、それだけに頼りきらず、生活面での見直しも行うことです。

完璧よりも「ほどほど」を目指すサポートを

家族の誰か一人だけに負担がかかるのはよくありません。無理をせず「ほどほど」を目指すべきです。それこそが長く子どもをサポートしていくためのコツです。家族全員で支援システムを作りましょう。

誰か一人が頑張ることからは何も生まれない

特性を持っている子どもを抱えている家族もまた、大きなストレスを抱えています。ただでさえ思い通りにいかない子育て、そこに手がかかる発達障害児の特性が加わると、どうしてもイライラしがちで、その子はもとよりパートナーや他の子にも、気持ちのホコ先が向いてしまいます。そもそも家族の関係を維持するのは、そんなに簡単なことではありません。さらに言えば、家族の中の誰か一人が頑張ればいいというものでもありません。例えば、母親だけが発達障害の子への対応を手がけていると、母親にばかり負担が集中してしまいます。そんな状態では、長く対応を続けていくのは困難です。家族はそれぞれが役目を果たして機能する関係です。誰がということでなく、家族全員でサポートする体制を取ることです。

そのためには、前項でも説明した環境調整を心がけることです。ADHDの子の「不注意」に対しては、スケジュール表を用意しておく、パターン化した生活を段取り、忘れ物がないように声がけする、物は決まった場所に置く、などのことをやっていればずいぶんとその子も家族も暮らしやすくなるはずです。

また、指示を出すときも「あれして」「これ取って」「ちょっと手伝って」というような、代名詞や形容詞を使うのは避けましょう。意味のない言葉を理解するのはADHDの子どもにとっては苦手なことなのです。「新聞を」「郵便受けから取ってきて」や「お風呂を」「40度に合わせて」「お湯ためのスイッチを押して」など、物の名前や場所などを具体的に言うようにしましょう。

これらのことは、誰か一人ではなく、家族全員が協力できるサポートです。

「ほどほど」を目指して長続きするサポートを

特性を持っている子どもを育てるのは、そうでない子に比べ大変なことは確かです。しかし、「私が頑張らないと」と一所懸命になりすぎること、また、「こうやらなきゃ」と神経質になりすぎるのも避けたいものです。「〜すぎ」は、かえって状況を悪化させることになりかねません。度を越えた介入や指導は、例えそれが手助けであっても、子どもにとってストレスを与えることになってしまうことがあります。

また、疲れを感じたら、遠慮なくパートナーやほかの家族に子どもの世話を分担してもらうことです。そして、たまには自分一人の時間を作ってリフレッシュすることです。支援するほうが疲れてしまったら、本末転倒です。無理に頑張らず、しっかり休むこと、そのためには家族の応援をいつでも頼めるようにしておくこと。

そして、家族の間でサポートがうまくできたら、お互いにそれをねぎらうことです。こうしたことで、家族関係のバランスは崩れにくくなり、柔軟になっていきます。

子育てには、「終着点」も「近道」もありません。完璧にこなすことより、必要以上に頑張らない「ほどほど」を心がけましょう。気持ちに余裕を持って、子どもも家族も、お互いに自分のペースで成長・発達していくことを目指しましょう。

困ったら、ここに相談を 支援機関、専門クリニック、親の会

子どもが発達障害かもと思ったら、どこに相談すればいいのでしょうか。さまざまな支援機関や専門のクリニックがあります。親の会だってあります。あなたは一人ではありません。

地域の情報を手に入れるために

どこに行けば受診できるのか、どんな対応がなされるのか、など発達障害についての情報は、まだまだ十分に普及したとは言えません。自分でネットなどで調べるのもいいのですが、公的支援機関や親の会などを大いに利用しましょう。

公的支援機関

発達障害者支援センター

発達障害がある子どもと大人の相談を受け、支援する機関。各都道府県にある。以下のアドレスに相談窓口の情報として、全国の支援センター一覧が掲載されている。
http://www.rehab.go.jp/ddis/

療育センター

治療教育（療育）を行う機関。発達障害に限らず、さまざまな悩みに対応している。

保健センターや保健所

心身の健康全般に対応してくれる。医師や保健師がいる。発達相談も行なっている。

児童相談所

0～17歳の児童を対象として、子育て全般の悩み相談に乗ってもらえる。

市区町村の担当窓口

発達障害専門の窓口はない場合が多いので、子育て、福祉、地域医療などの窓口を訪ねるとよい。

子育て支援センター

市区町村の育児支援施設で、育児についての相談に応じ、指導もしてくれる。

専門クリニック

（ここでは、主に発達障害およびADHDを専門にしているところをピックアップしてある。2016年6月現在）

北海道こども心療内科　氏家医院　☎011-711-3450
〒065-0043　札幌市東区苗穂町3-2-37

新札幌こども発達クリニック　☎011-893-1511
〒004-0051　札幌市厚別区厚別中央一条6-3-1
ホクノー新札幌ビル4F

楡の会　こどもクリニック　☎011-898-3934
〒004-0007　札幌市厚別区厚別町下野幌49番地

筑波こどものこころクリニック　☎029-893-3556
〒305-0821　茨城県つくば市春日3-1-1
つくばクリニックセンタービル4F

新所沢キッズクリニック　☎04-2990-3100
〒359-0045　埼玉県所沢市美原町2-2931-6

なかの小児科　☎049-267-8881
〒356-0004　埼玉県ふじみ野市上福岡6-4-5
メディカルセンター上福岡1階A

なかしまクリニック　☎043-268-8485
〒260-0842　千葉市中央区南町2-15-19MTKビル2F

どんぐり発達クリニック　☎03-5314-3288
〒157-0062　世田谷区南烏山4-14-5

荻窪小児発達クリニック　☎03-5347-0705
〒167-0043　杉並区上荻1-5-7　ハザマビル3F

子ども心と育ちのクリニック　☎03-6379-2509
〒168-0064　杉並区永福3-51-13
永福ニューハウジング206

司馬クリニック　☎0422-55-8707
〒180-0022　東京都武蔵野市境2-2-3渡辺ビル401

発達心療クリニック　☎042-851-8702
〒194-0013　東京都町田市原町田6-29-1
ドヒハラビル2階

東戸塚こども発達クリニック　☎045-828-2800
〒244-0805　横浜市戸塚区川上町88-18
第8笠原ビル2階

子どもメンタルクリニック　☎046-278-5006
〒242-0007　神奈川県大和市中央林間3-2-3　幸芳ビル2F

新潟こころの発達クリニック　☎025-281-3556
〒950-1151　新潟市中央区湖南21-5

平谷こども発達クリニック　☎0776-54-9600
〒918-8205　福井市北四ツ居2-1409

ファミリーメンタルクリニック　☎052-803-1515
〒468-0015　名古屋市天白区原1-210　原コーネルビル1F

パームこどもクリニック　☎077-551-2110
〒520-3027　滋賀県栗東市野尻440

家森クリニック　☎075-256-0225
〒604-0846　京都市中京区両替町押小路上る金吹町461
烏丸御池メディカルモール2－B

すずきクリニック　☎06-6948-5547
〒530-0051　大阪市北区太融寺町6-8
阪急産業梅田ビル6階

ちさきこどもクリニック　☎06-6836-5111
〒560-0085　大阪府豊中市上新田3-10-38

風発達クリニック　☎0796-37-8001
〒668-0065　兵庫県豊岡市戸牧1029-11

つくだクリニック　☎0742-26-1567
〒630-8122　奈良市三条本町1-2　JR奈良駅NKビル3階

生馬医院　☎073-422-1458
〒640-8343　和歌山市吉田436

大野はぐくみクリニック　☎086-254-7777
〒700-0026　岡山市北区奉還町1-2-11

松浦こどもメンタルクリニック　☎0877-56-7358
〒769-0206　香川県綾歌郡宇多津町浜六番丁78-12

パークサイドこころの発達クリニック　☎092-791-7222
〒810-0074　福岡市中央区大手門1-9-1
第3大手門ビルIR1階

くまもと発育クリニック　☎096-346-8219
〒861-8072　熊本市北区室園町20-40

発達神経クリニック　プロップ　☎098-987-1233
〒901-1105　沖縄県島尻郡南風原町新川215-3

親の会などの相談窓口

（ADHDはLDを併存している場合が多いので、LDに関しての情報も掲載）

◆全国LD親の会　☎03-6276-8985

LDなど発達障害のある子どもを持つ保護者の会の全国組織。1990年に発足。全国各地の診断相談機関リストもある。

〒151-0053　渋谷区代々木2-26-5 バロール代々木415
http://www.jpald.net/index.php

◆えじそんくらぶ

ADHDを持つ人たち、そしてともに悩む家族・教師を応援するNPO法人。基礎知識や参考図書、全国の会紹介など盛りだくさん。

http://www.e-club.jp/

監修者略歴
宮尾益知（みやお　ますとも）
東京生まれ。徳島大学医学部卒業、東京大学医学部小児科、自治医科大学小児科学教室、ハーバード大学神経科、国立成育医療研究センターこころの診療部発達心理科などを経て、2014年にどんぐり発達クリニックを開院。主な著書・監修書に『発達障害の治療法がよくわかる本』、『発達障害の親子ケア』、『女性のアスペルガー症候群』、『女性のＡＤＨＤ』（いずれも講談社）、『アスペルガーと愛』（東京書籍）、『子どものＡＤＨＤ』（河出書房新社）など。専門は発達行動小児科学、小児精神神経学、神経生理学。発達障害の臨床経験が豊富。

参考図書
『発達障害をもっと知る本』宮尾益知／著　教育出版
『ＡＤＨＤ・ＬＤ・高機能ＰＤＤのみかたと対応』宮尾益知／著　医学書院
『自分をコントロールできないこどもたち』宮尾益知／著　講談社
『発達障害の治療法がよくわかる本』宮尾益知／監修　講談社
『発達障害の親子ケア』宮尾益知／監修　講談社
『女性のアスペルガー症候群』宮尾益知／監修　講談社
『女性のＡＤＨＤ』宮尾益知／監修　講談社
『子どものＡＤＨＤ』宮尾益知／監修　河出書房新社

Staff
装丁／志摩祐子（レゾナ）
本文デザイン・ＤＴＰ／志摩祐子、西村絵美（いずれもレゾナ）
カバーイラスト／横井智美
本文イラスト／こもぢゆうこ（第２章、脳の図）、横井智美
構成／企画室 弦
編集／西垣成雄　佐藤義朗

親子で乗り越える
思春期のADHD

2016年７月20日初版印刷
2016年７月30日初版発行

監　修　宮尾益知
発行者　小野寺優
発行所　株式会社河出書房新社
　　　　東京都渋谷区千駄ヶ谷２-32-2
電　話　03-3404-8611（編集）
　　　　03-3404-1201（営業）
http://www.kawade.co.jp/

印刷・製本　図書印刷株式会社

Printed in Japan　ISBN978-4-309-24759-5